円が紙キレになる前に金《ゴールド》を買え!

Invest in GOLD before facing
the DEATH of
your PAPER MONEY.

浅井隆

第二海援隊

プロローグ

なぜ金は、人を魅惑するのか？

光の射し方によって、時には真夏の太陽のように眩しく閃光を放ち、月光の下では妖しげに人類を魅惑してきた〝謎の物質〟――金（ゴールド）。

巨大ピラミッドの下で、古代エジプトの王たちがナイル川から採れる砂金をもとに作った無数の光輝く装飾品を絶対権力の象徴として以来、人類の歴史は金と共に時を刻んできたと言っても過言ではない。

謎に満ちたエジプトの少年王ツタンカーメンは、紀元前一三三八年に一八歳で没した。それからはるか三二六〇年後の一九二二年、テーベで発見された王墓の中から空前絶後の豪華な副葬品の数々が手つかずで発見された。これは考古学史上最大の発見と言われるが、中でも王のミイラに被せられていた「黄金のマスク」は、本来ならば歴史の片端にしか残らなかったかもしれないこの少年王の名を、世界的に有名にした。

それほどこの黄金のマスクは美しく、人々を魅了したのだった。

さらに紀元前、中央アジアを支配した古代遊牧民スキタイは、莫大な黄金装飾品と共に砂漠に壮大な文明を築きあげた。はるか南米のインカ帝国の遺跡からは、さん然と輝く純金の人物像が続々と出土した。

この日本でも、六世紀に欽明天皇が大陸から渡米した黄金の仏像を見て感嘆したという記録が残っている。

ではなぜ、金はこれほどまでに私たち人類を魅了するのであろうか。その謎は、金の誕生の秘密に隠されている。実は、金というものは人類には絶対に作ることができないのだ。

昔からヨーロッパには錬金術なるものが存在したが、実はあのニュートンも晩年、その錬金術に入れ込んでいる。万有引力を発見した天才でさえ、一獲千金を夢見たのだ。ニュートンが錬金術にのめり込んだ原因は、歴史上にいまだに名を残す「南海バブル事件」だ。このイギリス中を巻き込んだバブル膨張と崩壊によって、ニュートン本人も全財産を失っている。

その後、彼は「万有引力は計算できたが、人々の狂気までは計算できなかった」という名言を残すが、金を人工的に作り出してひと儲けしようと、晩年の全精力を費やしたと言われる。もし彼が次の事実を知っていたなら、その時間をもっと有益なものに使うことができたであろう。その謎は、第一章冒頭で明かされる。

その金が、二一世紀前半にそのすさまじい輝きを取り戻そうとしている。円も含めた多くの通貨が、紙キレになろうとしているからだ。人類の永遠の富の象徴「金」は、いよいよ大復活しようとしている。その理由と資産防衛についてのアドバイスが、本書にすべて書かれている。まずは、じっくり本文をお読みいただきたい。

二〇一七年八月吉日

浅井　隆

円が紙キレになる前に金（ゴールド）を買え！――――目次

第三章　北朝鮮有事で金が暴騰する日

第四章　金の驚くべき歴史

第五章　二〇二五年日本国破産で金はどうなる!?

第六章 金を使ってあなたの財産を守り切れ!!

エピローグ

※注　本書では一ドル＝一一〇円で計算しました。

第一章　金が二一世紀に光輝く本当の理由

〝謎の物質〟――金

金（ゴールド）は、大宇宙がある瞬間にだけ作り出す〝謎の物質〟である。人類も含めた生命のすべての根源である太陽、その太陽のことを学問的には恒星というが、その恒星はその永い寿命の最後に大爆発を起こして超新星となる。光輝く黄金が誕生するためには、恒星（太陽）の中心にある核融合を起こす超高温のスーパー原子炉が必要なのだ。

しかも、普通の状態では作られない。星が死ぬ瞬間に発生させる、すさまじい爆発の莫大なエネルギー（超高温とすさまじい圧力）がなければならない。恒星（太陽）は、自らの光を金に閉じこめて死んでいくのだ。金は、太陽そのものなのだ。したがって、人間には当然のごとく作ることはできないし、人間は生き物としての動物的〝カン〟から生命の根源とも言うべき太陽が自らの命の最期に残していく金を、貴重なものとして認識するのだ。

　そのため人類は、稀少価値のある金を自らの富と権力の象徴として血眼で追い求めてきた。黄金を探し求める歴史は、冒険と殺戮《さつりく》の物語でもあった。コロンブスは黄金を手に入れるために西へと死を覚悟の大航海を行ない、マルコ・ポーロは、大量の黄金を夢見て炎熱の砂漠を東方へと旅した。インカやマヤは、コロンブスに続いたスペイン人たちの血走った眼の中で滅んでいった。日本では、いまだに徳川幕府の埋蔵金を探し求める一獲千金の山師が話題をさらう。

　かつて日本は、マルコ・ポーロが「東方見聞録」で書いたように〝黄金の国ジパング〟であった。世界遺産にもなった岩手県平泉にある中尊寺金色堂の、まばゆいばかりの内装。その奥州藤原氏の財力が示すように、一三世紀にはすでに日本で大量の砂金が採れている。戦国時代には、全国からさらに大量の金が産出されている。〝武田の騎馬軍団〟も、甲州で採れた金があれほどの馬ぞろえを可能にしたという。さらに時代は下って江戸時代になると、幕府は財源として佐渡金山を直轄領（天領）として大事な切り札とした。

〝黄金の国ジパング〟

話は一気に現代に飛ぶ。人類を魅惑し続けてきた金は、このハイテク時代にまったく別の価値を持ちはじめた。コンピュータは金の塊《かたまり》であると言ったら、読者の皆様は信じるであろうか。

そう、コンピュータの部品であるＩＣチップから出る結線には、必ず金が使われているのだ。世界で使われるエレクトロニクス向けの金の使用量の、かなりの部分が日本で消費されている。つまり、日本のエレクトロニクス産業は金抜きには存在し得ないのだ。日本は今でも〝黄金の国ジパング〟なのである。

さらに、現代文明を象徴する宇宙飛行にはふんだんに金が使われている。太陽からの熱線に対して強い反射率を求められる宇宙服は黄金の被膜《ひまく》で被われている。ヘルメットの窓にも、極薄の金が張ってある。スペースシャトル一機打ち上げるのに、二五kgもの金が必要とされる。宇宙飛行士は、かつての古代エジプト王に似て黄金に囲まれているのだ。

日本政府として公的に保有している金は、実は七六五ｔある。それが本当にどこに保管されているのか、正式には公表されていないが、そのうちの何分の一かは日銀の地下金庫に眠っている。東京・日本橋の首都高速から見える、日銀本店の地下金庫だ。そこにある金は、戦前からある金だ。戦後日本がドルで買った金は、実は日本には存在しない。ニューヨーク連銀の地下金庫の「日本の間」にある。そちらの方が量が多い。ニューヨーク連銀の地下金庫はまさに映画の世界で、もし強盗に襲われたらハドソン川の水が一気に地下に流れ込むように設計されている。犯人たちが水没して死んだ後、水を抜く仕掛けになっている。ちなみに、米国政府自体の公的保有金はどこにあるのかというと、砂漠の中のフォート・ノックスというところに極秘に保管されている。

ところで、金（あるいは銀）とある社会現象には、明らかに関連性がある。歴史的に見て、金価格が暴騰するのは「大動乱」「革命」「戦争」の時だ。紙幣が誕生してからは、大動乱や革命、戦争そして国家破産が起きるとハイパーインフレが必ず発生している。人々は、紙キレと化した紙幣の代わりとなるものを求めて金や銀を求めるようになる。その結果、金価格が上がるわけだ。

たとえば、フランス大革命の時に「アッシニア紙幣」というものが教会財産などを担保として発行された。しかし、担保が教会財産では最終的には売れないから、アッシニア紙幣はあまり信頼されなかった。困り果てたナポレオンは、結局五フラン銀貨を発行したという。日本では、江戸時代に幕府によって何度かデフレ政策やインフレ政策が実施されインフレ鋳造しているが、逆の見方をすると金価格自体は上昇したことになる。

また、世界大恐慌が始まった一九二九年から第二次世界大戦が終了する一九四五年までを見ると、大恐慌の初期は金価格は下がっているが、ある時点からは金の物価も金鉱関連株も上昇している。実は一九三四年に米国は、公的金価格を一トロイオンス＝三五ドルに意図的に上げているのだ。公的価格を上げることは、インフレ政策と言ってよい。金価格を上げることによって、通貨供給量を増やしたわけだ。デフレが極度に米国経済を蝕んでいたので、経済を立て直すために意図的に金価格を上げるというインフレ政策をとったということだ。やり方はまったく違うが、江戸時代の貨幣の改鋳と中身は一緒だ。さらに、第二次世界大戦の戦場となったヨーロッパ各国はナチスがオーストリアとチェコスロバキアの金準備を接収したのを知り、金準備保全のために極秘裏に米国やカナダに移送したり、スイスなどはアルプスの山中に隠したりしている。

やはり歴史的に見て、金は有事にその価値がもっとも高まる。

金が二一世紀に光輝く理由――その一

では、いよいよ「金が二一世紀に光輝く本当の理由」をお見せすることにしよう。理由には、大きく分けて三つのものがある。その一番目は歴史にまつわるものだ。歴史の巨大トレンドと言ってもよいだろう。そのトレンドを理解して活用した者の頭上にこそ、勝利の女神が微笑むだろう。

一〇〇年に一度、あるいは数百年に一度しかやってこないその「歴史上の巨大トレンド」は、ひとたびその恐るべき姿を私たちの前に現すとこの地上のあらゆる物を戦乱と動乱のるつぼに叩き込んでしまう。

今、私は一〇〇年に一度、あるいは数百年に一度と申し上げたが、実はこの巨大トレンドには二つのまったく違うタイプのものが存在する。いずれの波も、私たちが知能レベルを維持できる四〇～五〇年（二〇歳から六〇歳まで、ないしは七〇歳までを人生における物事をはっきりと認識できる期間とここではしておく）と比べて長過ぎるため、ほとんどの人はその存在に気付かないし、ましてやその到来を事前に予知することなど不可能だ。だが、その巨大トレンドあるいは波（波と言ってもただの波ではなく、3・11に襲ってきたような三〇m級の破壊力をもつ巨大津波だ）が一旦荒れ狂い始めると、私たちの人生はいとも簡単に破壊されてしまう。しかも、ここで読者の皆様によくよく気を付けていただきたいのは、その二つの巨大トレンドが二つとも今、私たちの眼前に現われ始めたということだ。まさに激動の時代の始まりである。

そこでまず二つの巨大トレンドのうち、長い方の波について詳しく解説しよう。それこそ、「八〇〇年周期」だ。この八〇〇年周期は故・村山節氏が一生かけて研究されたものである。村山氏の説によると人類文明には「八〇〇年」という周期が存在し、八〇〇年ごとに東西が興隆と衰退を繰り返しながら進化してきたという。東の文明が盛んな時は西が衰え、西の文明が盛んな時には東が衰える。一方に光が差せば一方が影となり、八〇〇年すると立場が逆転する。確かに歴史を振り返ってみると、東西が同時に光輝いた時代もなければ、同時に闇に包まれた時代もない。必ず一方が明るい時は一方は暗く沈んでいる。つまり、月の裏表と同じ理屈だ。そして東西の明暗は、八〇〇年ごとにシーソーのように入れ替わる。もちろん、ある日突然に立場が逆転するわけではない。一〇〇年ほどかけて徐々に力関係をシフトさせ、やがて入れ替わる。その約一〇〇年の文明の交代期には、地球規模の大動乱と民族大移動などが起こるという。そして私たちは、今まさにその文明の交差点に立っているというのだ。

東西文明の力関係がはっきりしている時はバランスが保たれ、強い方の文明がグラつくことはない。しかし、文明の交差点に近づくほど東西の力関係が僅

世界文明図

（美術、芸術の隆昌）　（学術、科学技術、機械と工業化）

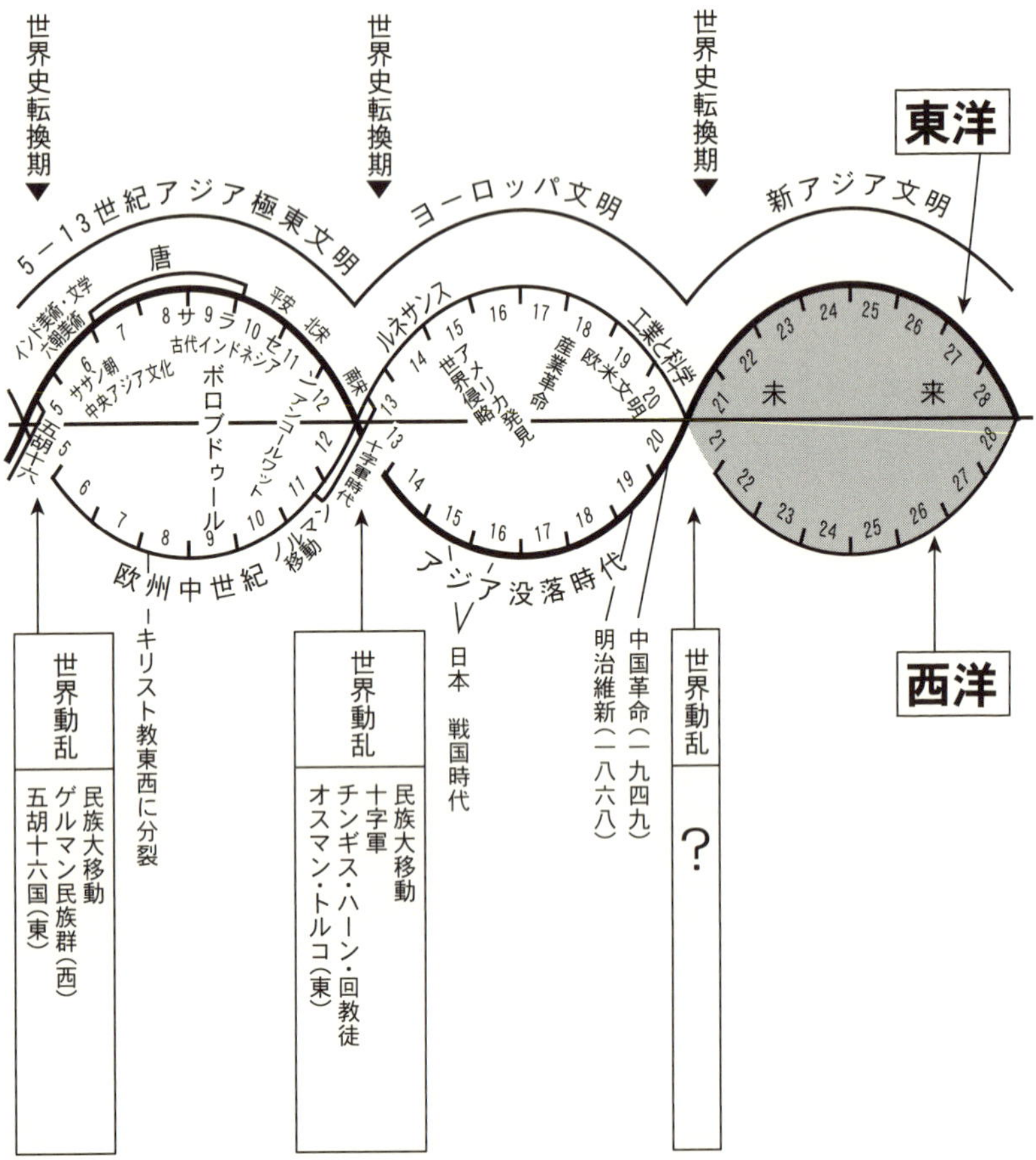

文明のDNAともいうべき

(司祭者王権の文明)　(宗教教義の組織化)　(市民共和制……大帝国)

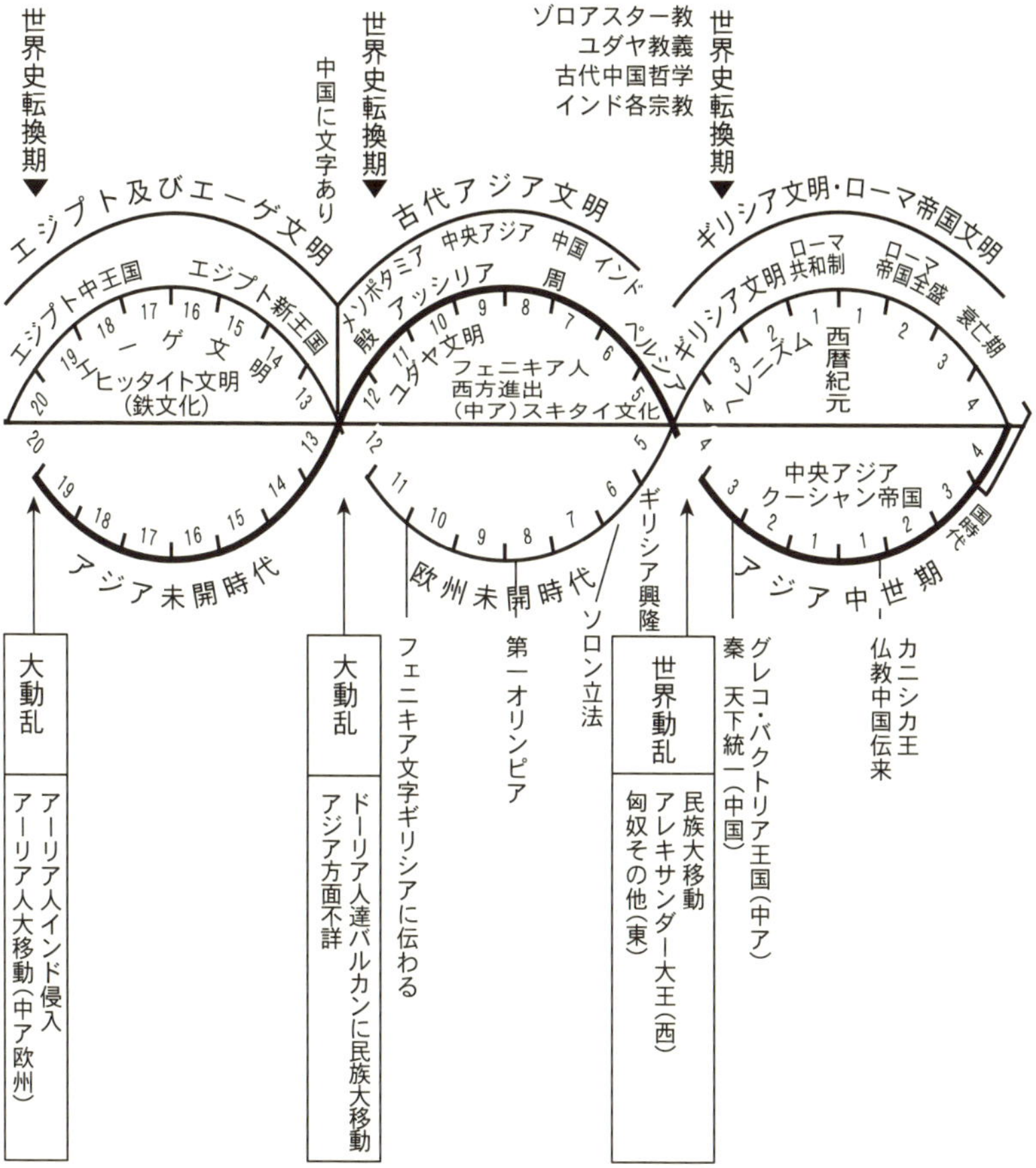

差になっていく。一方は弱まり、一方は力を蓄える。この時期が一番文明同士のパワーが衝突しやすいのだが、タイミングを待っていたかのように天変地異、そして食糧危機が襲いかかる。悪い時には悪いことが重なり、西も東も大津波をもろに受けてぐちゃぐちゃになる。その時期こそ、八〇〇年おきにやって来る文明の転換期だ。この八〇〇年周期説も二〇～二一ページの二重らせんの文明移行図も、学校の教科書にはまったく載っていないが、私から見ればこの説が今まで埋もれてきたことは不思議と言う他ない。驚いたことに、この文明の法則を細かく読み解いて行くと、これまで答えが見出せなかった様々なことに説明がついてしまう。「過去、現在、未来……」という時間経過の中で起こったことの意味、なぜそれが起こったか、そしてこれから起こり得ることなど、本当に様々なことが二重らせんのうねりの中に見えて来るのだ。

そう、八〇〇年周期説は「予測学」を内包した壮大な「人類学」なのである。単なる過去の歴史のパターンを認識するための道具ではなく、未来予測のための最大のツールと言えるだろう。

八〇〇年の文明サイクルに織り込まれた歴史の真実を読み解けば読み解くほど、知れば知るほど、歴史の見方が変わる。そして、世の中の見方が変わる。私自身、この学説を知ることで歴史や世の中の見方ががらっと変わったのだ。

改めて八〇〇年周期説で何がわかるのか、二五ページにポイントをまとめておく。一般の歴史年表ではわからない多くの文明情報が、八〇〇年周期の二重らせんの中には凝縮されている。使い方の工夫一つで、歴史の中の壮大な暗号を読み解き、思いがけない未来を知ることもできる。

そして繰り返しになるが、この二一世紀初頭こそ、西洋と東洋の波がぶつかる大動乱期なのだ。まさに、天変地異と戦争の時代である。

ここまでの八〇〇年周期の解説で、私たちがどのような時代に生きているのかということがよく理解できたはずだ。そして大変興味深いことに、この八〇〇年の長いサイクルのそのまた内部に、およそ一〇〇年ごとのもう一つの「巨大トレンド」が存在するのだ。それは、あのトランプ新大統領とも、そして米国の長期衰退とも関係するものだ。その一〇〇年ごとのサイクルこそ、「覇権の移行」と呼ばれるものだ。実はこれこそ第二次世界大戦を引き起こし、八〇年前の世界大恐慌を発生させ、そしてISのテロを巻き起こし、中国の興隆をも起こした張本人なのだ。したがって、その中身を詳しく知ることこそ、あなたの今後の人生の大きな拠りどころを得ることとなり、金がなぜ二一世紀に大暴騰するかの本当の理由を知ることともなるのだ。

金が二一世紀に光輝く理由——その二

では一体、「覇権の移行」とは何者なのか。先ほども言った通り、八〇〇年の巨大サイクルの内部に一〇〇年単位の「覇権の移行」サイクルというものが存在する。これが、今後の数十年の私たちの運命を左右することになるだろう。したがって「八〇〇年周期」と共に、私たちはこの「覇権の移行」についても深く学ばねばならない。これまでの八〇〇年は、間違いなく西洋が世界史上で興隆し、アジアが没落していたサイクルだった。その間、「ベネチア→スペイン

800年周期でわかること

800年ごとに東西の盛衰が逆転する
「文化のリズム」がわかる

「人類文明の進化」の変遷が
手に取るようにわかる

1600年で一巡する「文明の春夏秋冬」
という大きな流れが読める

春夏秋冬の文明のうねりの中に誕生する
「社会秩序(ソーシャル・システム)」のパターンがわかる

なぜその時期にそれが起こったのか、
「出来事や事件の原因と結果」が読み取れる

「文明の交差点」で起こる
今後の混乱が予測できる

過去のサイクルから「未来を予測」できる

→オランダ→大英帝国→米国」という順番で覇権は四回移行してきた。では、次の覇権を握るのは東洋のどこの国なのか？　東洋のトップランナー＝日本にその可能性があるのだろうか？　まだ断言はできないが、私は米国の後を引き継ぐ次の覇権国家は、九〇％に近い確率で中国だと考えている。つまり、覇権のバトンは日本を越えて中国へ渡るのだ。ただし、そう簡単に米国は覇権のバトンを渡さないし、中国は簡単にバトンを受け取ることはできないだろう。

ここで、覇権移行の法則をご紹介しよう。「旧帝国から新興大国に覇権が移る時には、必ず次の覇権大国（新興大国）の側でバブルが膨張し、やがてバブルが弾けてすさまじい大暴落に見舞われる」――このパターンが再び繰り返されるとすれば、今後、中国の巨大バブル崩壊がかなり高い確率で起こる。今、中国経済は世界最強と言われているが、その先には大暴落が待ち受け、国がひっくり返るほどの大混乱が起こるかもしれない。覇権交代期のバブルの崩壊と言えば、これまでに史上最大の混乱が起こったのが今から約八〇年前、大英帝国から米国に覇権が移る時だった。その時起こった世界恐慌で新興大国の米国は

覇権は800年の波の中で国家間を移動

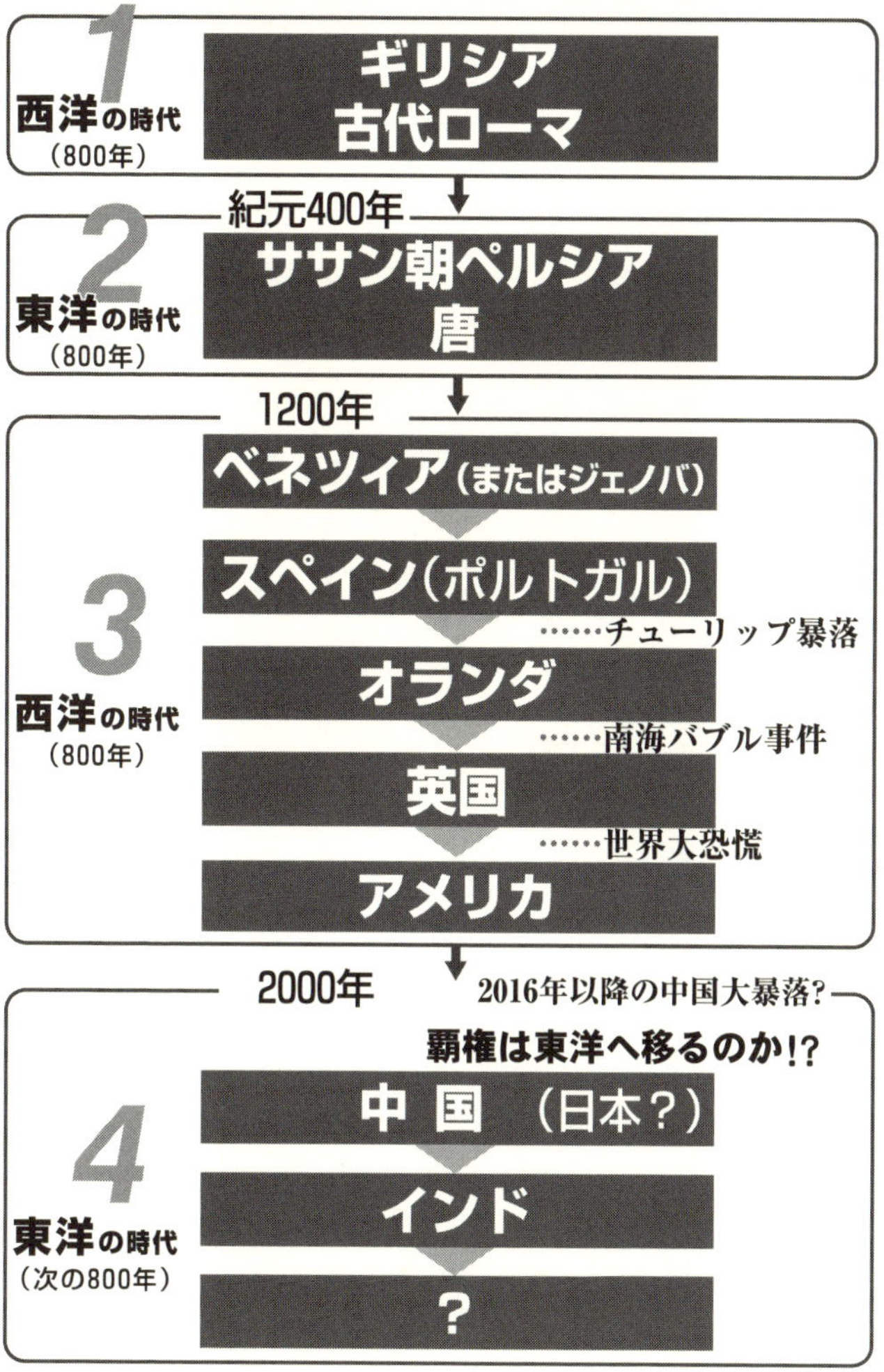

大打撃を受けたが、沈みつつあった旧覇権国家＝大英帝国の通貨であるポンドは、むしろ強かったという史実がある。今回もこのパターン通りになれば、次の覇権大国である中国経済が大打撃を受け、米ドルだけが一人勝ちするというシナリオも考えられる。つまり、中国が激流に巻き込まれる一方で米国はむしろ安定感を見せるのだ（ただし、問題は中国発世界大恐慌の時期だ）。

今回のリーマン・ショック以降、「米国の時代が終わるのではないか」という問いが頭をよぎった人は多いはずだが、答えはもうおわかりの通りＹＥＳであり、米国は確実に衰亡に向かっている。どの覇権国家にも必ず始まりがあって終わりがあり、アメリカ帝国の終わりも確実に迫っている。

しかし、まだ次の覇権国家は若く、ティーンエイジャーのような危うさがある。そこで、アジアが覇権を握るまでの過渡期には、世界中が容赦なく地面に叩き付けられ、とりわけ次の覇権国家＝中国は、他国を上回る大きな危険（経済危機）にさらされることになるだろう。そして、幾度かの困難を経たあとでようやくバトンを受け取り、世界を照らす太陽として光り輝くことができるのだ。その時期は、まだ数十年先、あるいはもっと先かもしれない。世界の人々が新アジア文明の到来を実感できるのは、二一世紀の終わり頃か二二世紀以降になるかもしれない。つまり、米国は長期的には没落だが、思ったよりも長く輝き、ここ二〇～三〇年は美しい夕日になる可能性が高い。そう、二一世紀前半から中盤頃までは米国の最後の時代。米国が最後の輝きを見せる時代なのだ。

晴れた日、太陽が沈む時に西の空が赤く染まって見えることがある。自然が作り出すその赤色の輝きは、わずかな時間だがとても強烈な印象を残すものだ。ろうそくが燃え尽きる前の一瞬の明るさとも似て、はかなくも美しい。沈みゆく文明も、その一瞬の輝きを見せたあと、一気に沈んでいくのが過去のパターン。そして、最後の最後は意外とあっけないというのも文明の法則だ。

夕日が地平線の彼方に沈んだ時、米国の時代が終わり、新しい覇権国家の太陽が昇る。そして覇権のバトンは西洋から東洋へ。西洋の冬が始まり、東洋の夏が始まるのだ。そこに至るまでの大混乱期を、私たちは共にくぐりぬけていくことになるだろう。この二一世紀は、八〇〇年に一度の混迷の時代。決してその時代を跳び越えることはできないのだ（この八〇〇年周期と覇権の移行について詳しく知りたい方は拙著『9・11と金融危機はなぜ起きたか⁉〈上〉〈下〉』〈第二海援隊刊〉をご覧下さい）。そして、こうした混乱期あるいは動乱期には、当然のごとく金価格は暴騰するのだ。

金が二一世紀に光輝く理由――その三

では、この二つの巨大トレンドの正体とその破壊力を知った上で、本章のタイトルである「金が二一世紀に光輝く本当の理由」に迫ることにしよう。

日本国政府は財政危機という大問題を抱えている。多くの読者がご存知の通り、私は二〇年近く前から将来の日本国の破産の危険性を警告し続けてきたが、いよいよ二〇二五年を目途にその大パニックが到来する可能性が高まってきた。もしそうなれば円は暴落し、その反動で金の円ベースの価格はとんでもない高値に到達することだろう。今の日本の状況からは想像もできないだろうが、「すさまじいインフレ」（円の暴落）、「大増税」、預金封鎖や新円切換も含む「徳政令」そして「大不況」という異常事態がやって来るだろう。私たちの生活と老後資金に直結する問題である。その詳しい内容は、第五章で解説する。

そこで、いよいよ三番目の「金が二一世紀に輝く本当の理由」だが、それこそ「中央銀行」という存在である。普段、一般国民には中央銀行などというものはあまり関わり合いのないものだ。日本の中央銀行と言えば日銀だが、もちろん世界中の国々にこの中央銀行というものは存在する。イギリスではイングランド銀行といい、米国ではＦＲＢという。各国で歴史もその権限も少しずつ違うが、そんなことはどうでもよい。ここで問題なのは二〇〇八年のリーマン・ショック以降、その世界中の中央銀行が前代未聞のことをしてしまったということだ。つまり世界大恐慌の再来をおそれるあまり、市場に介入し、大規模緩和を実施し、世界中で壮大なバラ撒きを実行してしまった。その結果、二京三八七〇兆円という、誰も見たことも聞いたことのない巨額の数字が積み上がることとなってしまった。では、この二京三八七〇兆円の正体とは何か。それこそ、金融機関を除いた世界全体の総債務だ。つまり、人類史上最大の借金である。このままいけば、世界中の通貨（米ドルを除く）が「紙キレ」となるか、「世界大恐慌」→「インフレによる大混乱」経由「巨大戦争の時代」になるかの、二つに一つしか道は残されていないように見える。

その時、金価格はどうなるのか。多くの読者にはすでに結論は見えたことだろう。紙幣は結局、最後は紙キレなのである。紙幣を刷り過ぎたり、それを発行する国家（または中央銀行）が信用を失えば、当然のことながら紙幣の価値は暴落し、下手をするとゼロにもなりかねない。歴史には、そうした例が山ほどある。そしてその時、ひとり光輝くのが金なのである。

こうして第一章では、金の誕生のナゾから金価格の今後の予測のための三つのポイントまで、歴史を中心にその全貌を見てきた。賢い読者には、ここまでの解説だけで二一世紀の全貌と金の今後の姿が見えてきたことだろう。

二〇年後には、金があなたの家族と老後の守護神となっていることだろう。そしてその時、金価格は今から想像できないほどの高値になっているはずだ。

第二章　中国に学ぶ金の重要性

不換紙幣を刷りまくる中央銀行

「幕府の信頼があれば、その幕府が発行する通貨は、瓦礫《がれき》であっても保証されるはず」――時は元禄時代、第五代将軍である徳川綱吉に勘定奉行として仕えた荻原重秀は、兌換通貨（金銀との交換が保障されている通貨）から不換通貨（金銀の裏付けのない通貨。フィアット・マネー）への転換を余儀なくされた際にこう言い放った。この言葉は、不換通貨の性質をよく捉えている。

現在、世界中で発行されている通貨ならびに紙幣は、そのすべてが不換通貨だ。実質的には単なる紙キレでしかない不換通貨が価値を帯びて広く流通しているのは、それを発行する者に信用が備わっていることの証左である。言い換えると、発行体の信用が喪失すればその限りではない。

実際、元禄時代に荻原が断行した改鋳は、当初こそ上手くいった。しかし改鋳を繰り返すようになり、最終的には悪性インフレが起こっている。発行体が無尽蔵に貨幣を乱発すれば、信用は失われインフレになるという典型的な例だ。

こんな話がある。二〇一七年七月時点で消滅の瀬戸際にある過激派組織「イスラム国」が、二〇一四年にイラク北部モスルにて国家の樹立を宣言した時のことだ。この時、イスラム国は金、銀、銅から鋳造された独自の通貨を発行すると発表している。なぜ不換紙幣を発行しなかったのか？　二〇一四年一一月二五日付の米バロンズ誌は、そのことについて次のように指摘している——「紙幣でなく、硬貨という点にその過激組織の政府としての正統性のなさを反映している」。そう、不換紙幣を発行できるほどの信用を備えていなかったというわけだ。

安全資産と言われる日本円を使っている私たちにすれば、紙幣の信用がなくなることなどそう簡単には想像できない。しかし、歴史を振り返ると紙幣の乱発は往々にしてインフレ（紙幣の価値の低下）を招いている。

「そういった類の話は新興国に限られるのでは？」と思うかもしれない。しかし、これからは先進国でも十二分に起こり得る。二〇〇八年のリーマン・

ショック以降、ご存知のように先進各国は量的緩和の旗印の下、紙幣を刷りに刷りまくった。二〇一七年四月時点で日米英欧の中央銀行のバランスシートの合計は一五兆ドルを上回っている。

他方、世界の総債務残高（IIF調べ）は二〇一七年三月時点で二一七兆ドル（二京三八七〇兆円）まで膨らんだ。こうなると、金利上昇に直結する出口戦略への移行をためらう中央銀行が出て来ることも考えられる。金利が上昇すれば、債務危機が起きかねないからだ。しかし、中央銀行が政府の意向に従うようになれば、かなりの確率で発行体の信認は毀損される。現在はその過程にあると考えてよい。

先進国でも財政破綻する時代は確実にやって来る。そして、こういった時代には、ポートフォリオ内に金（ゴールド）を入れることを強くお勧めしたい。

本章では、中国人の金に対する意識を参考にして、激動の時代に金がいかに重要であるかを説いていきたい。

なぜ、中国人は金を好むのか？

唐突だが、中国人は金が好きだ。と言うより、中国人の金に対する感情は「好き」を通り越して信仰に近いものがある。実際、二〇一六年の一年間で中国は約一〇〇〇ｔの金を購入した。中国のお隣りのインドの人も金をこよなく愛すことで知られているが、中国は二〇一三年にそのインドから世界最大の金消費国という称号を奪い、その後は四年連続でその座を維持している。

では、そもそもなぜ中国人は金を好むのか？　これについては多くの説が存在し、明確な答えは出てない。しかし複数ある説を探っていくと、私は金の魅力について改めて多くのことを知ることができた。そこでまず、なぜ中国人が金を好むかについて考察していきたい。おそらく読者の皆様も、なぜ中国人が金を好むのかということを知っていく過程で、金の重要性に改めて気付かされることだろう。読み終わる頃には、「財産の一〇～二〇％くらいは金で持っておこう」という気持ちになるに違いない。

まず、中国人が金を購入する際、その目的は贈答用である場合がほとんどだ。もちろん、自身の財産を防衛するために購入する人もいる。しかし、贈答用が圧倒的に多い。それは統計にも出ている。ＣＣＴＶ（中国中央電視台）によると、中国は二〇一六年に九七五・三八ｔもの金を購入したのだが、そのうちの六一一・一七ｔがネックレス用として消費された。これに対し、インゴッド用は二五七・六七ｔで、金貨用は三一・一九ｔとなっている。

中国人の知り合いがいる方ならわかるかもしれないが、彼らは純金やプラチナといった貴金属を恋人や親族、友人などへのプレゼントに用いることが少ない。日本では、たとえ誕生日のプレゼントであったとしても家族や友人から金のネックレスをもらうことはほとんどないが（逆も然りである）、中国では日常的な光景となっている。

中国人がなぜ好んで金をプレゼントに用いるかを知るためのキーワードの一つは、「面子《メンツ》」だ。すべての中国人がそうだと言うわけではないが、多くの中国

金の消費需要ベスト10（2016年）

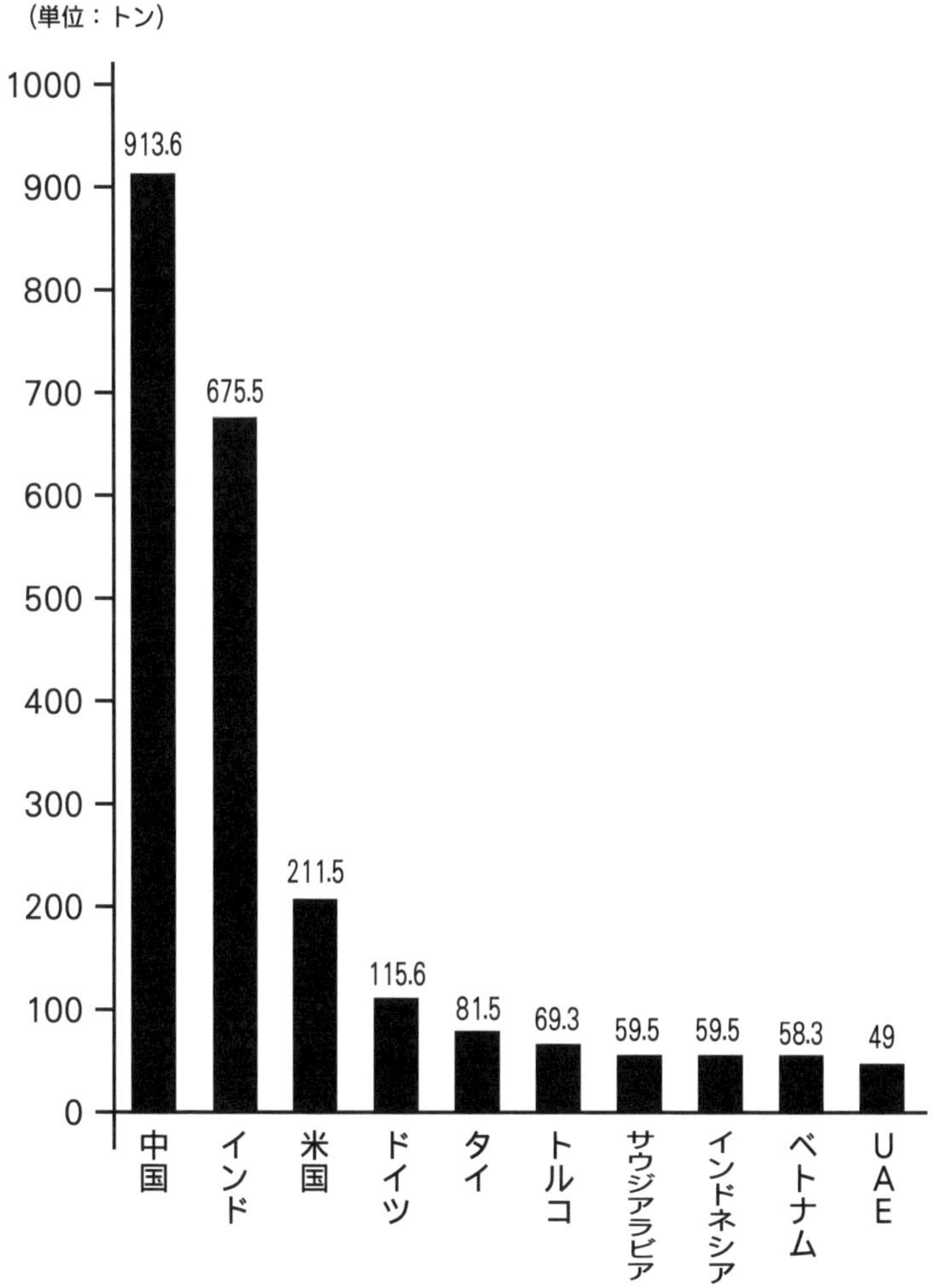

産金業界団体ワールド・ゴールド・カウンシルのデータを基に作成

人は私たちが想像している以上にメンツというものを重んじる。「草食男子」などというワードが当たり前のように口にされる昨今の日本からするとメンツと言われてもなかなかピンと来ないかもしれないが、中国ではメンツという概念が極めて重要だ。

メンツを巡ってはこんなエピソードがある。中国では、日本と違って仲間と食事をする際などに割り勘で支払うことはまずない。学生や若い社会人を除き、食事の際は仲間のうち一人が会計をすませるのが一般的だ。そのため、日本人がその仲間に加わった際に〝事件〟が起きることがある。その事件とは、私たち日本人が当たり前のように財布を取り出しながら「私はおいくら払えばよいんですか?」とホストに質問してしまうことだ。「それのどこが事件なの?」と思われるかもしれない。確かに、日本では普通のことだ。ところが多くの中国人は、この行為で自身のメンツが傷付けられたと感じてしまう。「私が奢ると言っているのに、財布を取り出すとはどういうことだ」となるわけだ。とりわけ大勢の前でゲストが財布を取り出すことを嫌がる。

現実の世界では、日本人がこういう行為をしたとしても怒られることはほとんどない。中国人も日本では割り勘が当たり前だということを知っており、「いくら払えば良い？」という質問も好意から来ているということを理解している。しかし相手が日本人なら良いが、このような行為をメンツを重んじる中国人がしたら黙ってはいない。おそらく、喧嘩になる。

また、次のようなケースも少なくない。職場で日本人の上司が中国人の従業員を大勢の前で叱ってしまうことだ。この際のポイントは、「大勢の面前」という部分にある。中国人も日本人と同様に、自分がミスした際に怒られることに特段の抵抗はない。しかし、仲間の前で叱られるとなると話は別だ。自身のメンツが深く傷付けられたと感じる。その後、一切その上司とは口を利かなくなることもしばしばだ。こういう類の話は日本人駐在員の間では有名で、実際に深刻な問題へ発展することも多々あるという。

これほどまでにメンツを重んじる中国人は、誰かにプレゼントする際もメンツこそが命だ。すなわち、プレゼントを渡すことによって自分のメンツが高まるか否かが重要となる。言い換えると、大抵の中国人は自分が見栄を張るために他人へプレゼントを渡すのだ。もちろん、それを表立って口にする中国人はいない。たとえば、日本へ旅行に来た中国人が大量のお土産を買って帰るのも、内心では日本に旅行したことを親族や友人に自慢したいのだ。すべての中国人がそのような思考を持っているとは言えないが、極めて規模の大きい中国のプレゼント市場が〝メンツ消費〟と形容されるゆえんである。

ただし、昨今の中国では高級な贈答品に対して「闇雲な富の崇拝」といった声や「腐敗の温床」などといった批判が高まっており、習近平政権も共産党員同士による高級品の贈答を禁止する措置を講じた。しかし、それでも中国の贈答品市場は、約一〇兆円と世界でも最大の規模を誇る。賄賂は論外だが、正直なところ、金をもらって喜ばない中国人はいない。だからこそ、多くの中国人は相手が本当にもらって嬉しい金をあげることで自身のメンツを高めようとする。

中国では古代から、金は物質としても色としても特別な存在であった。古代の中国で生まれた五行思想では、万物は木、火、土、金、水の五つの元素から成り立っていると説かれている。その中でも金色（黄色）は五行の中央に位置し、農業立国としての中国の土地崇拝の象徴だ。そこから転じて、土地と水利を統括する皇帝の権力を象徴する色になったと言われている。そして、皇帝だけが金色やそれに近い黄色の服を身に纏うことが許されることとなった。

長い歴史の中で、中国人のＤＮＡには「金色は高貴（富と権力）の象徴」だということが染み付いてきたと言われる。中国人が金色と共に赤色（紅色）を好むのは有名だが、中国人にとって金色と赤色はもはや信仰の対象に近い。旧正月の中国を訪れればわかるが、街中が金色と赤色で装飾される。それは、まさに圧倒的な光景だ。その他にも、多くの場面で金と赤色が用いられている。旧正月のお年玉袋や結婚式の祝儀袋は「紅包《ホンバオ》」と呼ばれ、赤い袋に金色の文字が印字されている。不動産の権利書も赤い表紙に金色の文字だ。ただし、中国人は赤色には金色のような高貴なイメージを持っていないらしい。やはり、高貴の象徴と言えば金色なのだ。

二〇一三年に中国人の金色好きが再認識された出来事が起きている。それは、米アップル社が中国で金色のiPhoneを発売したのだ。当時は世界初となる金色のiPhoneは発売と同時に瞬く間に完売。廈門《アモイ》などでは、定価五〇〇〇元前後のiPhone5s（一六ギガバイト）が即座に一万元以上に跳ね上がった。同年九月二五日付の北京晨報は、「アップルは中国人のゴールド好きを過小評価していたといえる」と指摘。「金色にはファッショナブルで高貴な印象がある。ただ気を付けないと、成金や田舎者（土豪）に見られかねない。とはいえ、豊かさであれ野暮ったさであれ、金色の輝きは持ち主に自信と満足を与えてくれる。これは他の色には真似のできないことだ」と、中国人にとって金色がいかに重要なものかを説いた。

このように、中国人の金（色）好きは折り紙付きである。その大きな理由の一つが、金色は古代から高貴な色として常に庶民の憧れの的であったということだ。これは現代の中国にも引き継がれており、多くの人のメンツをくすぐっている。冒頭で述べたように、中国人にとっての金は好きという感情を通り越して信仰の対象に近い。そこで次項では、中国人が金を信仰するさらなる理由について考察してみようと思う。

旧フランス租界に眠るハイパーインフレの歴史

中国、上海市。広く知られているように、今では二四〇〇万人という人口を擁するこのメガシティには、かつて租界（外国人居留）地区が乱立していた。一八四二年の南京条約（大英帝国と清朝がアヘン戦争を終結させるために結んだ講和条約）によって上海は西欧列強から強制的に開港を余儀なくされ、それと同時に市内にはイギリス、米国、フランスの租界地区が設けられることとなる。その後、英米と日本による共同租界、フランス租界に再編された。現在、これらの旧租界地域は当時の面影を残す貴重な観光資源として地元民や駐在員から愛されている。

租界ができた直接的なきっかけがアヘン戦争での敗北にあることから、上海人が旧租界地域に対してネガティブなイメージを持っているかというと決してそうではない。なぜなら、租界の存在こそが上海を中国随一の商業都市へ変貌させたということを理解しているからだ。実際、租界地区ができたあとの上海は急速な発展を遂げる。英米仏と日本が共同で統治し、軍隊までも駐留させた上海は、内乱が頻発していた他の地域に比べると天国のような場所となった。最盛期にはイギリスのドッグレース、米国の映画、フランスのファッションなどの文化が流入し、「東洋のパリ」とまで呼ばれるようになる。

しかし、そんな上海の栄華も永遠に続くものではなかった。一九三七年に勃発した日中戦争を皮切りに中華人民共和国が成立する一九四九年までの間、上海は相当過酷な状況に置かれたのである。その代表例が、上海を席巻したハイパーインフレだ。

その貴重な資料が、旧フランス租界に位置する中国工商銀行の博物館に眠っている。この「旧フランス租界」というエリアは昨今、上海ではナンバー1のファッション・ストリートに変貌した。中でも有名な地域が「新天地」なのだ

上海市・新天地にある銀行博物館。地方からの観光客で連日にぎわっている

が、かつては住宅地であった同エリアは現在、北里と南里に分かれ、石庫門造りの老房子（フランス租界時代に建てられた住宅）の隙間を縫うように大小の高級ブティックが集う。ここは連日、昼夜を問わず大賑わいだ。物価も高く、日本で言うところの六本木や麻布に相当する。余談だが、新天地は現在の中国共産党が創立された場所としても有名だ。

「銀行博物館」はそんな新天地の一角にある。この博物館では、実際に使われた貨幣などおよそ二万点の資料が収容されており、一九世紀から現在に至るまでの上海の金融の歴史を学べる貴重な場だ。ここからが本題なのだが、この博物館の展示物の中に「六〇億元札」なるものがある。四九ページの写真を参照していただきたい。これは国共内戦時に蔣介石率いる国民党が発行したフィアット・マネー（不換紙幣）だ。そして驚くべきことに、当時の最高紙幣であるこの六〇億元で買えたものは「七〇粒ほどの米」だと記されている。

「戦後のハイパーインフレ」と聞くと、日本のケースを想像される方も多いと思うが、中国では日本のそれ以上に激しいインフレが起きていたのだ。詳しい

国民党が発行した「60 億元札」。右のレンゲに入っている米とほぼ同価値しかなくなった

統計は残されていないが、一九三七年から一九四八年にまでに上海の物価はおよそ一〇兆倍になったとされる。そのピーク時に発行されたのが、六〇億元札というわけだ。

近代中国初のフィアット・マネー（不換紙幣）

六〇億元札の話をする前に、一九三〇年代の中国の通貨事情について簡単に触れておきたい。近代の中国は伝統的に銀本位制を採用してきたが、辛亥革命を経て一九一二年から実権を握った国民党政府も銀本位制を受け継いだ。その国民党は一九二七年の北伐によって、中国全土の統一を成し遂げる。すると南京にて統一政権を樹立し、曖昧となっていた中央と地方の財政的な権限を整理するなどの貨幣改革を実施した。その一環として、それまで半官半民であった中国銀行と交通銀行を国有化し、加えて上海に中央銀行を設立、銀行券の発行を開始したのである。

余談だが、一九二〇年代の中国経済は沿岸部を中心にバブルの様相を呈していた。その遠因は、第一世界大戦後に列強各国が続々と金本位制に復帰にしたことにある。列強各国が再び金本位制を採用した結果、銀の国際価格が大幅に下落、すると銀本位制の中国に大量の銀が流入した。インフレ基調となったことで上海を中心に不動産や銀行業が活性化、建築ブームが巻き起こる。上海を代表する観光地の外灘（バンド）に残されている歴史的な建築群は、一九二〇年代にできたものだ。当時の上海は娯楽や文化も最盛期を迎えており、同じ頃に「狂騒の二〇年代」を謳歌していた米ニューヨーク（マンハッタン）に負けず劣らずの歓楽街であったと指摘する者もいる。ちなみに、私たちが一般的に認知しているチャイナドレス（新式旗袍。西洋の文化を取り入れた作られた中国服）ができたのも一九二〇年代のことだ。

しかし、一九二九年のブラック・サーズデー（米国株式の大暴落）により、上海（中国）の経済と貨幣制度は重大な転機を迎えることとなる。ブラック・サーズデーをきっかけとした世界的な大恐慌により、列強各国が採用していた金本位制が崩壊、当時の中国で五〇〇〇年以上にわたって続いてきた銀本位制も終焉を迎えることになったのだ。

大恐慌の初期の段階では、世界的なデフレ（銀価格の下落）によって輸出が促進されたものの、一九三一年末頃から中国でも農産物やその他の商品価格の下落が深刻化、工場の倒産が相次ぐことになる。そして、米国が一九三四年八月に銀の買い上げ法（銀価格を上昇させることより中国の購買力を高め、米国の輸出を促進させようと導入した法律）により、中国から大量の銀が流出。すると銀本位制を採用していた中国（上海）では金利が暴騰、不動産などの資産価格が暴落し、金融機関の破綻が相次いだ。これにより、いわゆる一九二〇年代の上海バブルは完全に崩壊、深刻な金融恐慌を経験することになる。

銀の保有量に左右される銀本位制の維持は、誰の目から見ても不可能であった。そこで、時の中華民国は貨幣改革を断行する。一九三五年一一月、国民政府は「財政部改革幣制令」を布告、すべての銀を国有化し、国民に紙幣の使用を義務付けることにした。この紙幣こそが、後にハイパーインフレを招くこと

1930年代の上海のフランス租界（写真提供　朝日新聞社）

となった「法幣」（近代中国で初となった不換紙幣）である。

国民政府は現銀（銀貨）の貨幣としての流通を禁じ、中国銀行、中央銀行、交通銀行、農民銀行のみが発行する銀行券を法定通貨（法幣）と定めた。これと同時に法幣の価値を安定させるため、国民から回収した銀を米国に売却する代わりに米ドルと英ポンドを法幣の発行に必要な準備通貨にするという、「米中銀協定」を米国と締結している。

それでも不換紙幣（法幣）の発行は、中国全土に大きな混乱をもたらした。銀本位制が五〇〇年以上にわたり続いてきたのだから無理もない。いくら政府が「価値は安定するから紙幣を使え」と言っても、信用できないのが普通だ。とりわけ金融知識に疎い農村部の人たちほど、この事態に対応できなかった。法幣の強制により、中国人は銀というインフレから身を守る手段を失った。

ここで念のため確認しておくが、古代においても現代においてもフィアット・マネー（不換紙幣）の価値は発行体の信用力を裏づけとしている。いくら米ドルや金を準備通貨として溜め込んだとしても、それも含めて発行体（ここでは国民政府）への信用がすべてなのだ。このことを認識したうえで、この先も読み進めていただきたい。

三つ巴の貨幣戦争

一九三〇年代から四〇年代の中国は、戦火に包まれた。そして、その中には通貨の戦いも含まれている。当時の中国では、三つの貨幣によるまさに〝三国志〟とも言える壮絶な貨幣戦争が起きていた。三つの貨幣とは、ＡＢＣ（米国、イギリス、中国）連合の発行した「法幣」。次に旧日本軍が発行した「軍票」。最後に中国共産党が発行した「辺幣」（後の人民元）。この三つの通貨が、中国における通貨覇権を巡って激しい戦いを繰り広げたのである。

前述したように、法幣は英米の協力もあり一九三五年に誕生したのだが、日本政府はこの貨幣改革への協力を頑なに拒んだ。一九三二年に満州国を成立させていた日本は、「華北分離工作」（北支一帯を国民政府の影響下から切り離すことを目的とした工作）を展開していたので、当然のごとく国民政府の貨幣（統一）政策を受け入れられなかったのである。当時の満州国では「日満経済ブロック」の下、一九三二年から満州国幣という通貨が流通していた。

日本政府は国民政府への現銀の引渡しを拒否し続けたが、列強各国が国民政府の貨幣改革を支持したことにより、満州を除く中国では法幣が徐々に定着していく。すると、日本の内部からも「中国の貨幣統一を受け入れるべきだ」との声が出始めた。

ところが、その矢先の一九三七年七月に盧溝橋事件が勃発。日中は戦争状態となり、日本軍は法幣の駆逐を決意する。そして、占領していた華北地方に「華北連合銀行」を設立、独自の通貨である華北連合銀行券を発行することになった。また、華中や華南地域では軍用手票（軍票）を発行、流通させている。この軍票とは、軍部が出す借用証書（疑似紙幣）であり、言ってしまうと単なる紙キレに過ぎない。そのため、日本軍は時に発行した軍票を信用度の高い日本銀行券（日本円）や法幣との交換に応ずる必要があった。

しかし、日本軍による法幣の駆逐は失敗に終わる。英米が担保した法幣の信用力を崩すことができず、華北連合銀行券や軍票が流通した地域は日本軍が進駐した都市やそれらを結ぶ鉄道の沿線近辺に限られた。その他の地域では、ほとんど相手にされなかったという。そのため、法幣を持たない日本軍は物資を調達することが難しくなり、軍事力によって強制的に徴用する他なかった。こうした事情により、さらなる戦線の拡大につながったとされる。

余談だが、日本軍と共に法幣を駆逐しようという勢力も存在した。国民党から分裂した南京政府である。彼らは対日和平派であり、独自に「儲備券《ちょびけん》」という通貨を発行し、日本が発行した華北連合銀行券と共に普及を図った。しかし、人々から信用を得ることができず、結果的に紙幣を乱発させることとなり、価値が大幅に下落。最終的には荒縄で一ｍほどの厚さに束ねないと使えないほどまで、信用力が低下したという。

これらの通貨とは対照的に、徐々に信用力を勝ち取って行ったのが中国共産党の発行した「辺幣」だ。この辺幣は後の国共内戦を経て、最終的に人民元となる通貨である。

一九二一年に上海で創設された中国共産党だが、当時は一党員でしかなかった毛沢東は農村を中心に自身の地位を確立、最終的には指導者にまで上り詰めた。その毛沢東が、権力を掌握して行く過程で重要視したのが貨幣である。一九二〇年代の中国は、南京や上海などの南方の都市部を国民党が統治する一方、共産党は農村を中心に勢力を拡大していった。一九二四年からは国共合作（北京の軍閥政権を打倒するための共同戦線）が成立するも、一九二七年に蒋介石が共産党を排除した（上海クーデター）ことから合作は決裂。以後、一九三七年の第二次国共合作（対日共同戦線）まで国民党と共産党は内戦状態に入る。

一九二三年に共産党の幹部（委員）に任命された毛沢東は、一九三一年一一月に江西省の瑞金にて「中華ソビエト共和国臨時中央政府」の樹立を宣言、自らが主席に君臨することとなった。それと同時に中央銀行を設立、自身の弟である毛沢民を初代の総裁に任命している。共産党は人員や軍事力でまったく国民党に歯が立たなかったため、毛沢東は経済の発展を通して農村地における求心力を高めようとしたわけだ。経済建設を優先させるという毛沢東の戦略は奏功し、農民からの支持は徐々に拡大してゆく。

これを脅威に感じた国民党は、共産党を叩こうと各地で包囲殲滅戦を展開。兵力で圧倒的に劣った共産党軍（紅軍）は、農村におけるゲリラ戦で抵抗するも最終的に敗北を喫する。共産党は中華ソビエト共和国臨時中央政府を放棄せざるを得なくなり、ここから長征（一万二五〇〇㎞を徒歩で移動しながらの戦闘）が始まることとなった。共産党は長征の間も、通貨の発行を続けたという。長征の途中で印刷機がなくなった時も手書きで紙幣を作った。それほど、貨幣の役割を重視していたのである。

しかし、共産党は長征の過程で多大な兵力を失った。長征が始まる前は一〇～一五万人いた兵員が、一九三六年には数千という数にまで減ったという。もはや解党か、という状況にまで追い込まれた共産党であったが、ほどなく内戦は終了した。盧溝橋事件（日中戦争）の勃発である。敵の敵は味方というわけで、国民党と共産党は一時的に停戦し、対日共同戦線を張ることになった。

ここで、共産党は貨幣の面でも国民党と歩調を合わせる戦術を取る。一九三五年から国民党が発行し始めた法幣を受け入れたのだ。言い換えると、国民党政権の正統性を認めたこととなる。

ところが、独自の通貨の発行を止めると宣言したにも関わらず、共産党は通貨を発行し続けた。共産党は日中戦争（第二次国共合作）時も着実に解放区を広げて行ったのだが、その解放区ごとに辺区銀行という発券銀行を設立し、辺幣を発行したのである。一九三八年三月に最初の辺幣を発行して以降、各地で辺幣の発行が相次ぎ、最盛期には二〇種類以上の辺幣が登場した。しかも、そのほとんどの解放区で経済が活性化したという。

一方の法幣は、日中戦争の終了まで価値の下落が続いた。日中戦争の直前、法幣の総発行残高は一四億四四〇〇元であったのだが、これが一九四五年には五五六九億元にまで残高が膨らんでいる。財政支出（戦費）を賄うため、法幣を刷り続けたのだ。途中、国民党政府は法幣の価値を維持するために、イギリスから一〇〇〇万ポンド、米国から五〇〇〇万ドルの借款を受けたのだが、それでも価値の下落が続いたため、一九四〇年には法幣と外貨の交換を制限する。これにより法幣の信認はさらに毀損され、急激な価値の下落が頻繁に起こるようになった。また、時を同じくして日本軍が法幣や辺幣の偽造通貨の発行を始める。これが中国国内の貨幣政策をさらに混乱させる一因となった。

そして、日中戦争が終わると国民党と共産党は再び内戦に突入する。ここでも法幣と辺幣の熾烈な戦いが繰り広げられた。国民党が統治する都市部では法幣が流通し、共産党の影響下にあった農村では辺幣が流通したのだが、影響力が競合する地域では両方の通貨が流通することになったため、お互いがお互いの通貨の価値を高めようと奮闘したのである。しかし、この戦いは共産党の勝利で終わることとなった。

国民党政府は財政ファイナンスを止めることができず、一九四五年時点で五五六九億元にまで膨らんでいた法幣の発行残高は、一九四八年八月には六〇四兆元にまで増加する。すなわち、市中の法幣がわずか三年間で一〇〇〇倍に増えた。これでインフレが起きないわけがない。実際、国民党が統治していた上海などの都市部ではインフレが高進、詳しい統計は残されていないが、一日あたりのインフレ率は一〇～二〇％に達したとされる。その最盛期の時に発行されたのが、先に紹介した「六〇億元札」というわけだ。六〇億元札は法幣における最高の単位の紙幣であったが、それで購入できたのはたった七〇粒ほどの米である。いかにインフレが激しかったかわかるだろう。文字通り紙キレと化した法幣は、最終的に製紙会社の原料に使用されるに至った。

一九四八年一二月、共産党は北京の入城を前に河北省の石家荘に中国人民銀行（中央銀行）を設立。解放区ごとに発行していた辺幣を統一、初代人民元を発行した。

人民元を信用しない中国人

「二度あることは三度ある」とはよく言ったものだ。貨幣戦争に勝利し、一九四九年以降、晴れて中国の覇権通貨となった人民元だが、今度はその人民元が信用を失いかけている。

上海の新天地にある銀行博物館は、中国共産党がいかに優れた通貨政策を持って国民党を破ったのかが刻々と説かれているプロパガンダ施設なのだが、多くの中国人は共産党の美談に興味を示さない。この国でハイパーインフレが起きたという事実にだけ関心を示すのだ。そして、こう悟るのである――「二度あることは三度あるものだ」。

商品に裏づけされない不換紙幣が世界で初めて発行されたのは、一一六〇年のことである。場所は中国（宋）だ。しかし、「会子」と呼ばれた初の不換紙幣という試みは、インフレという結末を迎える。大量に発行し過ぎたのが原因だ。

それから数百年の時が過ぎたが、その間、世界のあちらこちらで不換紙幣が誕生している。今日、私たちが使用している紙幣もそのすべてが不換紙幣だ。

そこで、恐ろしい指摘を一つしておきたい。それは、歴史上の紙幣本位制（不換紙幣）は、すべて例外なく崩壊しているということだ。二〇一一年八月一五日付の米ウォールストリート・ジャーナルは「ニクソンショックから四〇年

―現行の紙幣制度の結末はいかに」と題した示唆に富む論説を掲載しているのだが、そこで次のように指摘している――「すべての紙幣制度は、最終的には失敗した。金融当局は、完全な崩壊が起こる前に商品を裏付けとする貨幣制度に戻した。そうしなかった場合は、ハイパーインフレを招き、社会に深刻な影響をもたらした」。

歴史上、何かしらの商品を裏づけとする兌換紙幣へ回帰しない限りは、恒久的に通貨の価値を保った不換紙幣は存在しなかったというのである。記事によると、中国で生まれた不換紙幣（紙幣本位制）は後に西欧社会でも踏襲されるのだが、そのほとんどの場合で（兌換紙幣からの脱却は）戦費の調達が理由であった。しかし、国家の都合によって生み出された「歴史上のすべての紙幣制度は、ある程度の期間を経て金融や経済の不安定化を経験し、急速な価値低下を伴った」という。そして、一九七一年のニクソンショックから四〇年が経過した現行の紙幣本位制に対しても、例外ではないと警告し、「歴史的にみると、すべての紙幣制度は完全な失敗で終わるか、商品を裏付けとするマネーにタイミングよく戻るか、どちらかである。現行の紙幣制度の開始から四〇年が過ぎた今、我々はまた同じ岐路に直面している」（以上すべて米ウォールストリート・ジャーナル二〇一一年八月一五日付）と断じた。

これは想像の域を出ないが、中国人が金を好む最大の理由は、彼らのＤＮＡに「不換紙幣は無価値になる」ということが刻み込まれているからなのかもしれない。ご存知のように、中国は頻繁に統治者が交代してきた。しかも、そのほとんどが武力によって交代している。統治者が交代すれば、前の王朝（統治者）が発行した通貨や不動産などの利権はリセットされるのが常だ。仮に前の王朝にお金を貸していた人も、そのすべてがチャラとなってしまう。だからこそ、発行体リスクのない金などを本能的に好むのではないだろうか。

東南アジアを旅行されたことのある方ならわかるかもしれないが、現地に住む華僑で、服はぼろぼろだがネックレスなど金の装飾品を身に着けている人が多くいる。一説によると、華僑が金を身に着ける理由はファッションのためだけではない。リスクヘッジが目的だという。世界中どこにでもいる凄腕の商売人として、西のユダヤ人に対し東の華僑などと呼ばれる彼らは、長い歴史の中で、戦争や動乱によって住む場所を追われるといった過酷な経験を積んできた。

実際、シンガポールやマレーシア、インドネシアやタイといった東南アジアの富豪には、ルーツを中国に持つ人が多い。たとえばシンガポール建国の父である故リー・クアンユー氏、香港一の財閥である長江実業グループを築き上げた李嘉誠《リー・クァーシン》氏などが華僑の血を引いている。華僑の歴史を紐解くと、自国の混乱を逃れるため裸一貫で移住してきたというケースがほとんどだ。

戦火を逃れてきた彼らの思考は自然とこうなる――「せっかく手に入れた広大な邸宅も、家具や調度品も有事の際には持ち出せない」。それゆえ、華僑やユダヤ人は金やダイヤモンド、米ドルといった世界中で通用し、容易に持ち出せるものを好むというわけだ。ある意味で、徹底した個人（家族）主義とも言える。日本人のような連帯を良しとする農耕民族とは、根本的に考え方が違うのだ。彼らは、基本的に体制や国家というものを信じない。

こうした傾向は、華僑だけでなく中国本土に生きる人たちにも共通する。中国人には〝公〟という概念がほとんどなく、もっとも優先すべきは家族の幸せだ。体制など、何かあればすぐに滅び去ると常に警戒している。

ただし、昨今の中国を見ていると、不動産が高騰していることから人々に「土地信仰」が根付いているように思われるかもしれない。確かに、現代の中国人は不動産投資が好きだ。しかし、実態はそうでもない。なぜなら、中国人は不動産を買うと言っても、共産党から最長で七〇年の「土地使用権」を買うということに過ぎないのだ。永続的に自分の物になるということではないため、富裕層の多くは日本や米国など海外の資産を持つことにこだわる。そもそも、不動産に限らず中国国内の資産は、いつ没収という憂き目に遭うかわからない。

著名な貴金属アナリストである豊島逸夫氏は、中国での取材を次のように振り返っている――「テレビ番組の現地ロケで、中国最大の貴金属店を訪問したときのこと。『店』といってもデパートの一～四階まで全て『金および金製品』という規模なのだが、金地金販売コーナーで二七歳のＯＬがインタビューに応じてくれた。出てくる言葉は『人民元が心配』『銀行に人民元を預けておくより金の方が安心』。円に安心感を感じ、外貨建てには不安を感じる日本人の感覚では、ほぼあり得ない反応だ」（日本経済新聞二〇一六年一〇月一七日付）。ここ日本では、「自国通貨が心配だから金を買いに来た」という二七歳のＯＬを貴金属店で取材しようとしても、そうは見つからないだろう。しかし中国では、日常的な光景だ。

また、別の中国人は米ウォールストリート・ジャーナル紙（二〇一六年三月九日付）のインタビューに次のように答えている――「中国が一〇年後にどうなるか、人々は確信がない」。インタビューに答えたジュン・ワン氏は上海の保険会社で幹部を務めているが、昨今の人民元安に懸念を募らせており、蓄えの一部を海外に移すと同紙に話した。妻と娘の分の両替枠（中国人は一年間に五万ドルまでしか外貨に両替できない）を使ったという。

自国の政府を信用できない中国人は哀れとしか言いようがないが、昨今は無条件で自国政府を信用する日本人の危機管理能力にも疑問を覚える。率直に言って、中国人の危機意識を少しは見習うべきだ。政府を信用するなと言っているのではない。しかし、中国の歴史から教訓を汲み取る必要がある。体制の変更は容易に起こり得るということを頭の片隅に入れておくべきだ。仮に体制の変更が近い将来に起こらずとも、東アジアの情勢から省みてもいつ戦争が起こるかわからない。それでなくとも、現在は先進国の多くが財政ファイナンスに片足を突っこんでいる。

インフレの歴史を紐解くと、上海の例に限らず、俗にハイパーインフレと呼ばれる事象は政府の恣意的な運営の帰結として起きている場合が多い。というより、ほとんどがそうだ。過去には供給不足によるインフレもたびたび起きているが、先のオイルショックを除けばインフレ率が三桁くらいにまで高まった試しはほとんどない。通貨の信認が喪失された場合こそが本当に危険なのだ。

「インフレは、常に、そしてどこででも政治的な現象である」――米プリンストン大学で歴史学の教授を務めるホラルド・ジェームズ氏は、ヘリコプター・マネーの提唱者として名高い経済学者ミルトン・フリードマン氏が残した「インフレは、常に、そしてどこででも貨幣的な現象である」という言葉をこのように言い換えている。まさに正論だ。実質的には紙としての価値しかない不換紙幣の場合、信任の維持はすべて中央銀行と政治の裁量に委ねられている。そうした事実を省みて、先進国を中心に一九七〇年代の後半から為政者と中央銀行の距離を遠ざけようという機運が高まった。しかし、二〇〇八年のリーマン・ショック以降は強力なデフレ圧力と政府債務の急増に晒された先進国で、再び中央銀行の独立性が脅かされようとしている。これは将来的なインフレを暗示している可能性が高い。残念なことに、その好例は日本だ。

「われわれは、究極的には不換紙幣への信頼の喪失という紙吹雪の時代に向かっている。中央銀行は不換紙幣を守ろうとして、実は信頼を失墜させている」（米バロンズ誌二〇一六年八月二日付）。ウォール街でもっとも優れたアナリストの一人とバロンズ誌が評するジム・グラント氏は、こう断言する。一九七一年八月一五日のニクソンショック（金ドル本位制の破棄）を境に、世界の主要国のすべてが紙幣本位制となった。グラント氏を含め複数の有識者は、この紙幣本位制がいよいよ崩壊に差し掛かっていると考えている。

世界的にデフレへの懸念が強まっている最中にインフレ対策の代表格である金の価格が高止まりするのは、主要国が一斉に通貨の切り下げ（金本位制からの脱却）に動いた一九三〇年代以来のことだ。一部の人が中央銀行のバランスシートの膨張に懸念を抱いていることは間違いない。

繰り返しになるが、二〇一七年四月時点で日米英欧の中央銀行のバランスシートの合計は一五兆ドルを上回っている。一方、世界の総債務残高（IIF調べ）は二〇一七年三月時点で二一七兆ドル（二京三八七〇兆円）まで膨らんでおり、金利上昇に直結する出口戦略への移行をためらう中央銀行が出てきても何ら不思議ではない。すなわち、中央銀行の独立性が為政者によって著しく侵害される可能性がある。

忘れない方が良い。インフレは常に、そしてどこででも政治的な現象だということを。中国人の危機意識から学び、最低でもポートフォリオの一〇～二〇%は金建てで持つことをお勧めする。

第三章

北朝鮮有事で金が暴騰する日

「有事の金」は生きている

「有事の金」――。一九七九年末の旧ソ連のアフガニスタン侵攻により、金価格は一トロイオンス＝八七五ドルまで暴騰した。金価格は跳ね飛んだのだ。何があっても、国家が滅亡してすらも、金は不変の価値を持つ。「有事の金」を如実に現したのだ。金価格がこの時の最高値を更新するには、実に二八年の年月を要した。最高値を更新したのは、二〇〇八年一月八日。この日一トロイオンス＝八七九ドルを付け、二八年ぶりにようやく最高値を付けたのだ。

一九八九年のベルリンの壁崩壊、一九九一年のソ連崩壊、東西冷戦終結により、「有事の金」は終わったとも見られていた。しかし、二〇〇一年九月一一日の米国同時多発テロによりニューヨーク株式市場が四日間閉鎖され、その間にNYダウは七二二ドルも値を下げたのに対し、金市場は影響を受けなかった。やはり、「有事の金」は生きていたのだ。それ以降も中東・東アジアでの国際緊張に対する心理的ヘッジ先として金は選択肢の一つとなっている。

そして今、中東でも東アジアでも、今までにない危機が高まっている。中東からはテロの拡散。そして東アジア、わが国の周辺では、中国の膨張と共に、何より狂気の独裁国家・北朝鮮の核ミサイル危機がとどまるところを知らない。本章では、まず北朝鮮の核ミサイル危機の恐るべき現状から述べていきたい。

北朝鮮のＩＣＢＭで米国の「核の傘」は効かなくなる

本章を書いているのは二〇一七年の七月上旬であるが、まさにこのタイミングで七月四日、北朝鮮はついに大陸間弾道ミサイル（ＩＣＢＭ）の発射実験に成功した。今回のミサイルを当初は「中距離弾道ミサイル」と発表した米国も、すぐにそれを改めＩＣＢＭと認めた。この成功を受け、北朝鮮は狂喜している。まず、七月四日当日はこのＩＣＢＭ発射実験成功を「特別重大報道」として発表。「朝鮮民主主義人民共和国は、核兵器と共に世界のどの地域も攻撃できる最

値動きと変動要因

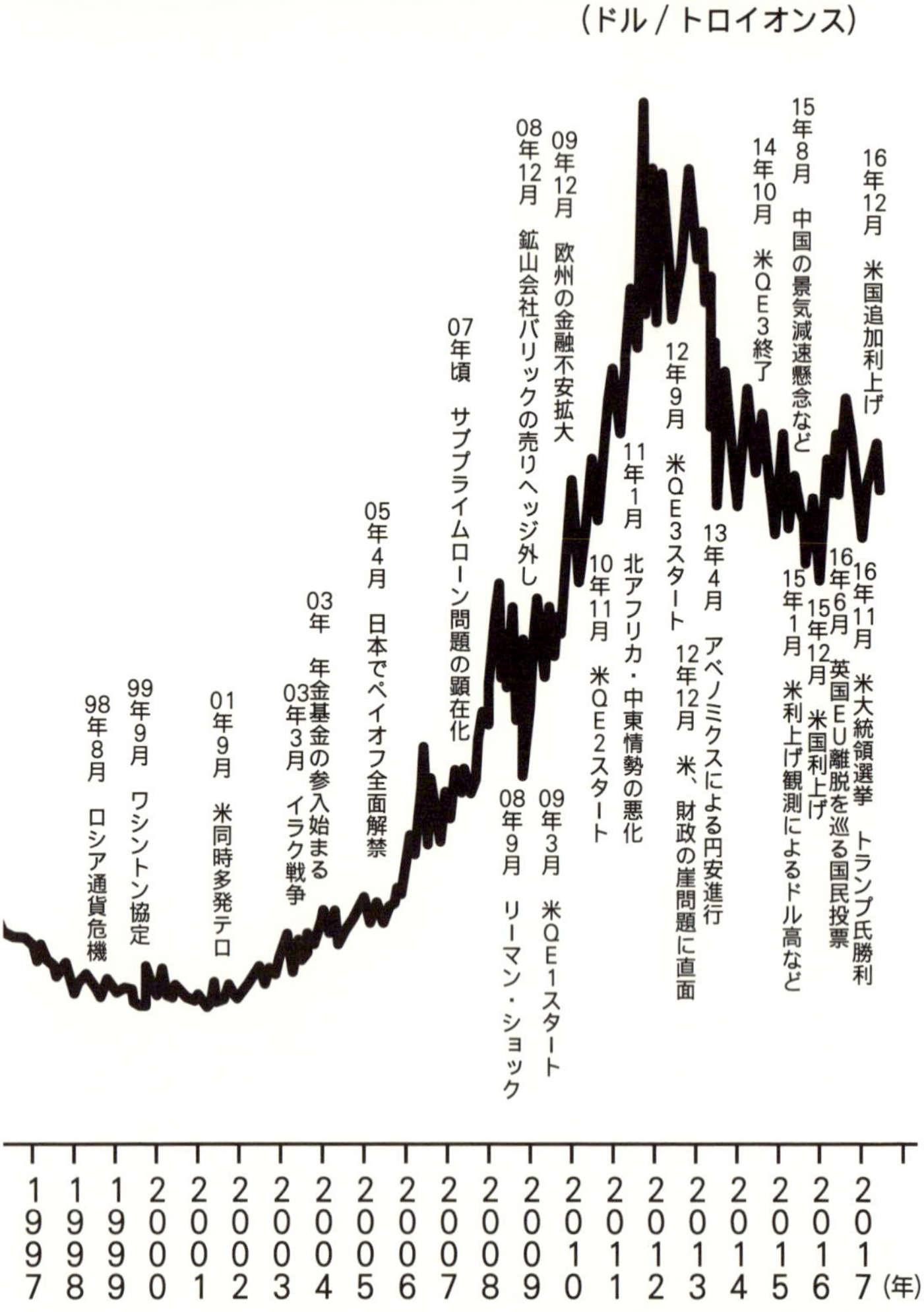

（ドル／トロイオンス）
98年8月　ロシア通貨危機
99年9月　ワシントン協定
01年9月　米同時多発テロ
03年　年金基金の参入始まる
03年3月　イラク戦争
05年4月　日本でペイオフ全面解禁
07年頃　サブプライムローン問題の顕在化
08年9月　リーマン・ショック
08年12月　鉱山会社バリックの売りヘッジ外し
09年3月　米QE1スタート
09年12月　欧州の金融不安拡大
10年11月　米QE2スタート
11年1月　北アフリカ・中東情勢の悪化
12年9月　米QE3スタート
12年12月　米、財政の崖問題に直面
13年4月　アベノミクスによる円安進行
14年10月　米QE3終了
15年1月　米利上げ観測によるドル高など
15年8月　中国の景気減速懸念など
15年12月　米国利上げ
16年6月　英国EU離脱を巡る国民投票
16年11月　米大統領選挙　トランプ氏勝利
16年12月　米国追加利上げ
1997
1998
1999
2000
2001
2002
2003
2004
2005
2006
2007
2008
2009
2010
2011
2012
2013
2014
2015
2016
2017
（年）

楽天証券の資料を基に作成

NY金（ゴールド）

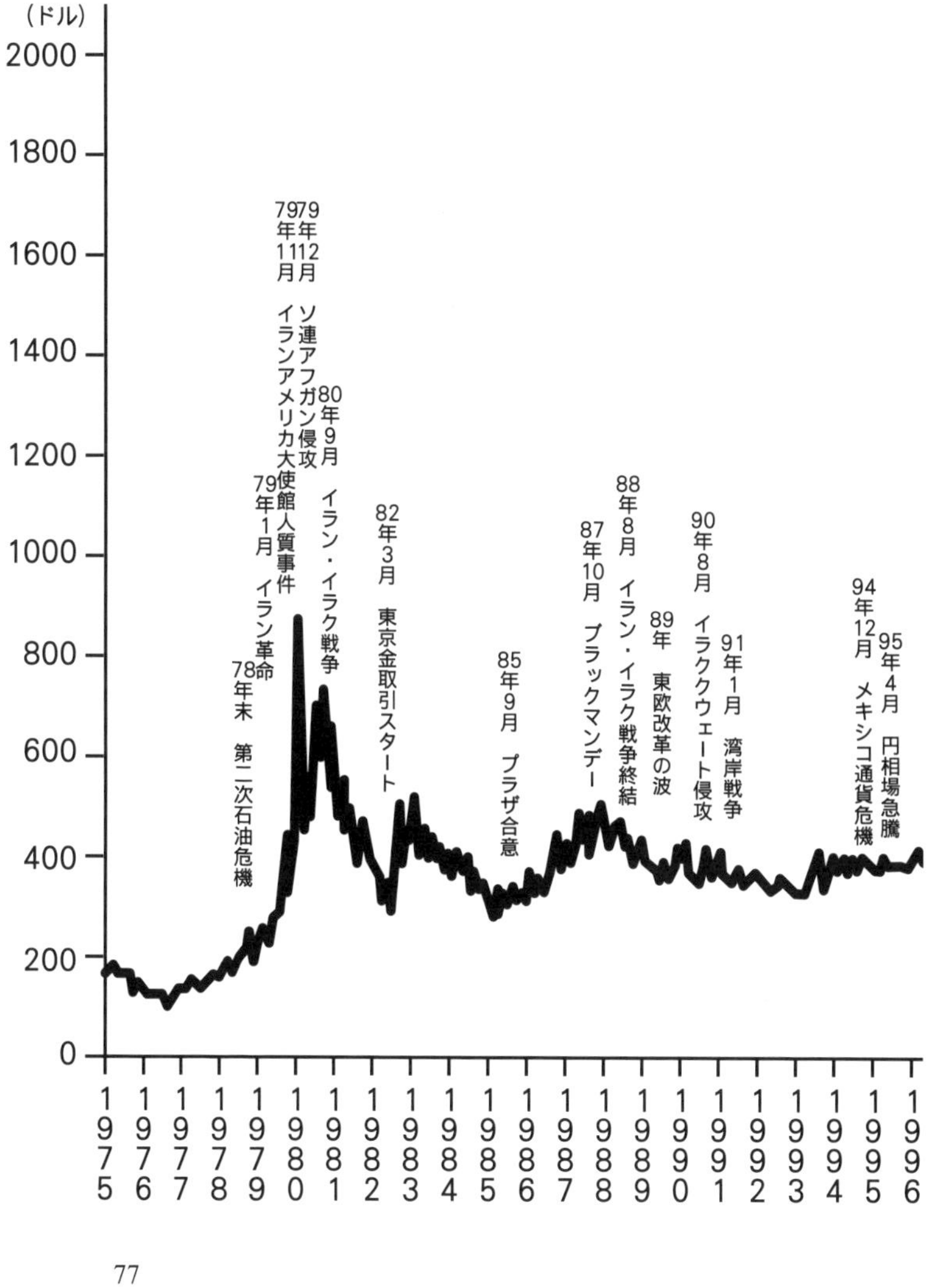
（ドル）
2000
1800
1600
1400
1200
1000
800
600
400
200
0
78年末　第二次石油危機
79年1月　イラン革命
79年11月　イランアメリカ大使館人質事件
79年12月　ソ連アフガン侵攻
80年9月　イラン・イラク戦争
82年3月　東京金取引スタート
85年9月　プラザ合意
87年10月　ブラックマンデー
88年8月　イラン・イラク戦争終結
89年　東欧改革の波
90年8月　イラクウェート侵攻
91年1月　湾岸戦争
94年12月　メキシコ通貨危機
95年4月　円相場急騰
1975
1976
1977
1978
1979
1980
1981
1982
1983
1984
1985
1986
1987
1988
1989
1990
1991
1992
1993
1994
1995
1996

強の大陸間弾道ロケットを保有した、堂々とした核強国」だと宣言した。その後は連日、成功を祝う行事を開き、祝賀ムードに包まれている。

一方、受ける側の日米韓、とりわけ日米にとってこれは衝撃的だ。米国防総省の高官は六月、ＩＣＢＭの試射が「年内に実施できる態勢が整う」と危機感を示していたが、その予測を上回る早さでのＩＣＢＭ試射成功だ。米ジョンズ・ホプキンス大高等国際問題研究大学院の米韓研究所は七月一〇日、北朝鮮が発射を発表した大陸間弾道ミサイル（ＩＣＢＭ）「火星14」について、「試験と開発が進めば一、二年で核弾頭一発を搭載して米西海岸を射程に収めるミサイルになり得る」との分析結果を公表した。

元陸将補の森清勇氏は、七月一一日付ジャパンビジネスプレスにその脅威について論じる一文を寄稿した。タイトルは「北朝鮮のＩＣＢＭで米国は『日本』を守れなくなる　米国の拡大抑止が効かない日がすぐそこに」。何をしでかすかわからない北朝鮮という国が、米国本土を核攻撃できるようになるのだから、米国も当然腰が引けてしまう。「日本はアメリカの核の傘に守られてきた」と言われてきたが、こうなると米国が核の傘を差し出してくれるかどうかはあやしくなる。北朝鮮はすでに、日本を射程に収める中距離弾道ミサイルを多数配備している。それを何発も同時に発射されれば、日本独自では到底迎撃できない。

今回のＩＣＢＭは長射程だが、二八〇二kmという高度まで上昇させることで、またも日本の排他的経済水域（ＥＥＺ）内に落下した。北朝鮮のミサイルが日本のＥＥＺ内に落下するのは、これで五回目だ。ＥＥＺというのは、海岸線から二〇〇カイリ（約三七〇km）の海域を意味し、当然日本の漁業エリアである。度重なる日本海へのミサイル発射で犠牲者が出なかったのは、言わば運がよかったからに過ぎない。しかも、このような高い角度で打ち上げるロフテッド軌道の場合、落下時には非常に高速となるため迎撃はより困難になる。

元米国国連大使「唯一の解決策は、北朝鮮を終わらせること」

北朝鮮の核ミサイルに対する私たち日本人の危機感はいかばかりだろうか？

このような時に国会閉会中わざわざ開かれているのは、朝から晩まで加計学園問題。マスメディアは時折り北朝鮮からの弾道ミサイルを想定した避難訓練が行なわれたというニュースを報じてはいるが、実施している自治体は秋田県男鹿市・山口県阿武町・福岡県大野城市など田舎ばかりで、首都圏や近畿圏・中京圏といった大都市に住んでいる人間にとってはどうも切迫感はない。ネットでは「避難訓練なんて意味あるの?」などと揶揄する声が溢れている。しかし、危機意識のない日本人が知らないところで、事態は恐るべきところにまで進行している。

外交・安全保障に関する情報提供事業・国際協力事業を行なうNPO法人岡崎研究所(駐タイ大使・駐サウジアラビア大使などを歴任した故・岡崎久彦氏が設立)は、二〇一七年五月二二日付ウェッジインフィニティにおいて、ニューヨーク・タイムズの解説記事を紹介する形で、驚愕すべき論評を掲載した。その論評のタイトルは「北朝鮮の核弾頭搭載ICBMの開発は、全面戦争以外に阻止できない」。岡崎研究所は論評の中でジョン・R・ボルトン元国連大使の言葉を紹介している――「北朝鮮の核兵器計画を終わらせる唯一の方法は、北朝鮮を終わらせることである」。私たち日本国民の大多数は「北朝鮮の金王朝体制が続く限り、核ミサイル開発はどんどん進められ、なんとなく不安だなあ」とは感じている。しかし、元国連大使（しかも、世界一の超大国米国の）にこう断言されると、改めてその危機が尋常でないことに気付かされる。

北朝鮮による危機は、もう「なんとなく不安だなあ」というレベルの話ではないのである。金王朝体制が続く限り、北朝鮮は核ミサイル開発をやめることはない。間違いなく、その破壊的攻撃能力を高め続けて行く。それが米国にとって本当の危機になる前に（前述のように、それにはもう一、二年の猶予しかない）、金王朝の北朝鮮を「終わらせる」――米国の元国連大使は、それしか解決法はないと断言しているのである。

「全面戦争」になれば、韓国だけではない。わが国も、自暴自棄になった金正恩の報復攻撃を受けることを覚悟しておかねばならない。

戦慄のシミュレーション――四五〇万人が瞬時に殺戮される

本当に北朝鮮が日本に核ミサイルを撃ち込んできたら、どうなるのか？　ここに一つのシミュレーションがある。韓米の研究者二人が『ウォー・シミュレイション　北朝鮮が暴発する日』（マイケル・ユー／デクスター・イングラム著新潮社刊）で示したもので、米ヘリテージ財団の協力を得て米国防総省が使用する軍事シミュレーションソフトを活用して作製したものだ。同書では数々のシミュレーションがなされているが、二〇〇四年五月三一日午前八時、東京の永田町国会議事堂付近に今すでに北朝鮮が保有している一二kt級の核兵器搭載のミサイルが着弾、爆発した場合のシミュレーションは以下の通りだ。

東京の場合、約一〇万人が爆弾投下直後に死亡する。これが第一次死亡者である。核爆発以後生ずる放射能汚染は、風に乗って周辺地域へ拡散（Fall Out）する。シミュレイションでは、風が南東の方向に吹いている。その結果、強い放射能や火事と酸素欠乏により約三二万人が核兵器投下以後三〇日以内に命を落とす。これが第二次の死亡者となる。

さらに、三〇日以内に死には至らないが、放射能に被爆する人は、約三九万人である。被爆後も生存した人の場合、どの位放射能に汚染されたのかによって危険度が判断できる。三九万人のうち、少なくとも一〇％は一年以内、二〇％は二年以内に死亡し、少なくとも五〇％は一〇年以内に深刻な身体的障害を発症するというのが一般的な臨床データだ。

このうち核爆発以後直ちに現れる第一次被爆者の規模は約四万七〇〇〇人だ。さらに、広範囲に拡散した放射能により引き起こされる第二次被爆者は、約三四万人となる。

結局、シミュレイションに現れた、一二ktの核兵器による攻撃で東京の第一次被害者は全部で約一五万人、第二次被害者が約六六万人であり、全体被害者は合計、約八一万人になる。

（マイケル・ユー／デクスター・イングラム著『ウォー・シミュレイション 北朝鮮が暴発する日』より）

八〇万人を超える被害者――これでも十分恐ろしい話だが、このシミュレーションから一四年の年月が経った。当然、北朝鮮の核開発は進んでいる。核専門家は、近く北朝鮮が本当に水素爆弾を保有するだろうと予測する。そこで、先のシミュレーションを行なった研究者の一人であるマイケル・ユー氏が、月刊『Voice』二〇一七年七月号で「二〇二〇年・東京に核が落ちる日」と題して、最新のシミュレーション結果を公表している。その結果を見てみよう。

今回のシミュレイションで「使用した」のは、昔ながらのオーソドックスな水素爆弾である。具体的には、一九六二年のキューバ危機

時に、旧ソ連がアメリカの鼻先に運んだ準中距離弾道核ミサイル「R—12（SS—4）」である。（中略）長崎の原子爆弾に比べておよそ二〇〇倍だ。
シミュレイションのターゲットは新宿の東京都庁だ。時期は東京オリンピックが絶頂に達する二〇二〇年八月一日午前。（中略）
一次死亡者は、一四一万九〇六〇人である。東京都庁から半径二・一九kmがグラウンド・ゼロ（引用者注：爆心地）となり、圏内にいる者は一瞬で確実に消える。（中略）
ピカッと閃光が放たれた瞬間、あらゆる建造物が灰燼《かいじん》に帰す。グラウンド・ゼロの外側であっても、東京都庁から半径一二・一八km圏内の五〇～九〇％の人びとが死亡する。さらに高温や核爆風、放射能等で、三一一万六一九〇人が被害を受ける。即死を免れても一時間、いや一分で死に至る可能性は高い。（中略）
シミュレイションの結果をまとめると、一次的に四五三万人もの人命被害が発生する。超短期を含め放射能汚染の二次被害者は数えられないほどだ。

（『Voice』二〇一七年七月号より）

いかがだったであろう。四五〇万人を超える人びとが、ほぼ一瞬に亡くなるというのだ。これは、決してあり得ないことではない。北朝鮮の現在の核ミサイル攻撃能力からすれば、現実に起こり得るシミュレーションなのだ。

文明のすべてを〝無〟にするＥＭＰ攻撃

これに対し、「金正恩にとって何より大事なのは、わが身と金王朝体制。今の世でそんな大量虐殺をやったら国際的に大々的非難を浴び、それこそ生き残りが不可能になるような攻撃と制裁を受けるのは免れないから、そんなことはやるはずがない」という声もある。これには確かに一理ある。しかし実は、直接大量虐殺をせずに、間接的に圧倒的ダメージを与え、日本の中枢機能を瞬殺する核攻撃があるのだ。それは「電磁パルス」（ＥＭＰ）攻撃という。

たとえば、今すでに北朝鮮が核実験に成功している約一〇kt程度の核兵器を、先ほどのシミュレーションのような地表ではなく、高高度（約三〇〜四〇〇km）で爆発させたとする。すると何が起こるのか——。瞬時に半径数百〜数千km以内に存在する電気系統を、ほぼすべて破壊する。

「えっ」と思われた方が多いことだろう。具体的にはどんなことが起こるのか。東京上空高度三〇kmで爆発させた場合、被害地域は半径六〇〇km。東京を中心に北は青森、西は関西全域を飲み込み岡山にまで達する広大な円を描く（米国議会ＥＭＰ議員団と元陸上自衛隊化学学校長・鬼塚隆志氏による）。

米シンクタンク、ヘリテージ財団のマイケル・Ｆ・マルーフ氏は、その状況を「一九世紀への逆行」と形容し、詳細に述べている。要約すると、電子制御が主流になっている今日のほとんどの自動車や輸送トラックが可動しなくなり、ガソリンスタンドは地下タンクからの汲み上げ用電動ポンプを失うことで燃料供給は止まる。また、ラジオやテレビは完全にその機能を停止するため、大混乱の中にあって市民は情報から途絶される。非常用のバックアップ設備を温存していた放送局があったとしても、自家発電のための燃料自体が数日で尽きることが目に見えているため、追加的な発電機への燃料供給が途絶すれば、機能を停止するケースが相次ぐと予想される。第一、放送ができたとしても、視聴することがほとんどできない。情報入手と言えば今日ではスマホ・携帯だが、これらは固定回線電話と比べるとＥＭＰに対して脆弱であり、そのほとんどが機能しなくなると考えられる。さらに、人間が生命活動を維持する上でもっとも基本的な要素である水と食糧についても、電力・輸送インフラが機能停止するのであるから、絶望的な欠乏状況が生じるであろうことが予想されている、と言う。しかも、こうした状況が短期間で復旧されることはない。復旧に要する期間は、「数年」もかかり、その結果、核爆発による直接的な死傷者は出なくても、私たちが享受している現代的システムが長期にわたって止まることにより、死傷者は数百万人におよぶと前出の鬼塚隆志氏は予想されている。

しかも、このＥＭＰ攻撃能力というのは、地上のある地点をピンポイントで

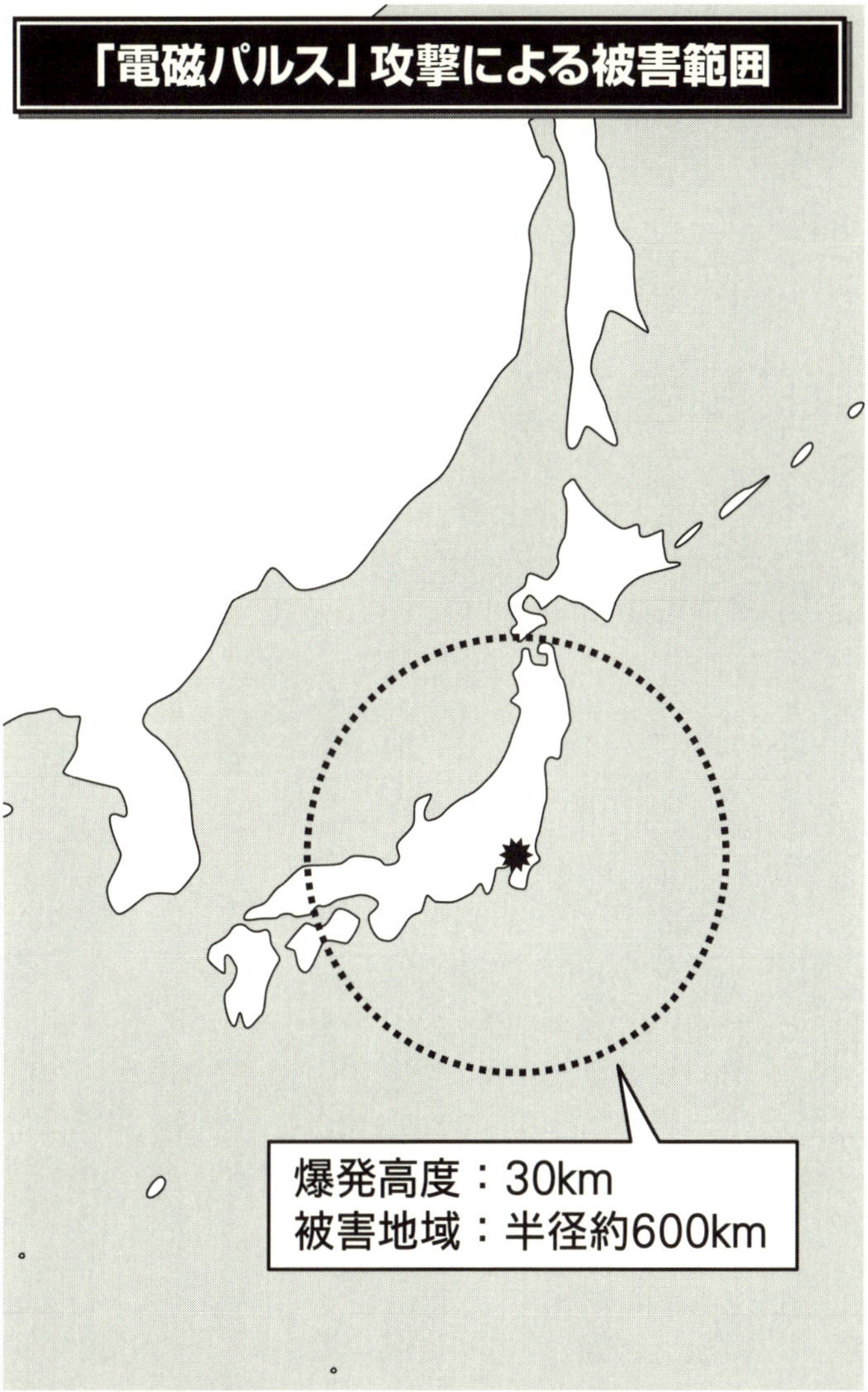

鬼塚隆志『高高度電磁パルス（ＨＥＭＰ）攻撃の脅威
――喫緊の課題として対応が必要――』のデータを基に作成

狙うことに比べれば、はるかに容易だ。元米中央情報局（ＣＩＡ）長官のジェームズ・ウールジー氏は、二〇一七年五月二〇日付『Viewpoint』のインタビューで次のように述べている。

——ＥＭＰ兵器の恐ろしさとは。

ウールジー：通信、食糧、水道、医療などすべての社会インフラは電力に依存している。核兵器を地上で爆発させ、特定の標的を攻撃しなくても、甚大な被害をもたらすことができる。

——開発が容易とはどういうことか。

ウールジー：ＥＭＰ兵器は、大気圏内に再突入させて特定の標的を狙うわけではないため、精度を高める必要がない。（中略）

ＥＭＰ兵器に必要な要素は二つある。地球周回低軌道に衛星を載せる能力と、宇宙で核兵器を爆発させる能力だ。どちらも極端に難しい能力ではない。大型衛星を打ち上げる必要はなく、小型の核弾頭を載せた小型衛星を打ち上げればいい。

――北朝鮮は既にその能力を保有していると見るか。

ウールジー：北朝鮮がこの二つの能力を統合させたかどうかは分からない。だが、そのやり方を知っていることは間違いない。なぜなら、ロシアが北朝鮮を支援してきた。


（Viewpoint 二〇一七年五月二〇日付より）


ウールジー氏の個人的見解ではなく、米国議会調査局の報告書では二〇〇四年の時点ですでにロシアと中国はＥＭＰ攻撃能力を有しており、北朝鮮も二〇一五年までに同等の能力を獲得するであろうと記されていた。

このように、ＥＭＰ兵器は開発が容易でしかも実質的な影響力が甚大であるが、実はロシアや中国の場合は、おいそれとは使いにくい兵器なのだ。なぜかと言うと、ＥＭＰ攻撃は低軌道上の人工衛星に無差別に影響をおよぼすため、宇宙利用が進んでいる国においてはそれによる被害が極めて深刻になると予想されるからだ。それに対して北朝鮮の宇宙利用はほとんど進んでいないので、EMP攻撃によって生じる被害も相対的には圧倒的に少ない（人工衛星数はロシアは一〇〇〇機を超え、中国も一〇〇を超えるのに対し、北朝鮮は機能している人工衛星はゼロである）。だから、EMP兵器は著しく技術力が低い北朝鮮には、一層適した恐るべき兵器であるのだ。

これに対して、疑問を呈する方もいることだろう。「ロシアや中国は北朝鮮の友好国じゃないの？　そういう国にも被害がおよぶような攻撃をやるのだろうか？」。実は私もその疑問は持った。そこで私は自衛隊の最高幹部だった方（元陸将）に直接この質問をぶつけてみたところ、「北朝鮮は、戦争をするなら生存をかけた戦いですから、同盟国に対する配慮はありません」と言う。確かにそうだ。ギリギリまで追い込まれれば、そんな配慮などふっとぶであろう。

北朝鮮の対外宣伝団体「朝鮮平和擁護全国民族委員会」は二〇一七年六月八日、報道官声明で日本に対しこんな脅しをかけてきた。「そんなに安全保障が不安なら、反共和国の敵対視政策を撤回し、米国の侵略的な軍事基地を日本島からなくせば良い」「日本は今のように振る舞っていれば、有事の際に米国より先に日本列島が丸ごと焦土化されかねないということを知るべきだ」（朝鮮日報二〇一七年六月八日付）。五月二〇日の朝鮮中央通信では「実戦配備された核兵器を含むわれわれの全ての軍事的攻撃手段は、米本土と在日米軍基地に精密に照準を合わせ、殲滅的な発射の瞬間だけを待っている」（産経新聞二〇一七年五月二一日付）としていたが、「在日米軍基地」からさらに進んで「日本列島を丸ごと焦土化」とまで言うようになってきているのだ。ＥＭＰ攻撃を行なえば、丸ごと焦土化ではないが数発で日本列島を丸ごと壊滅させることはできる。それは、今でも可能なのだ。

在日米軍は撤退する！

先に取り上げた北朝鮮の論評を読んでも、北朝鮮にとって絶対的にイヤなのは米軍だ。在日米軍であり、在韓米軍だ。だから北朝鮮からすれば、米韓を離反させたいし、在日米軍を「なくせば良い」と主張する。そして当然、北朝鮮はそれに向けての手も着々と打ってきている。

私のところに、様々な方から、いろいろな情報が送られて来る。その情報は経済や投資に関する情報だけではなく、政治や軍事、思想に至るまで多岐にわたる。二〇一七年五月の上旬にいただいた情報の中に、中国ウォッチャーの第一人者である宮崎正弘氏の朝鮮半島情勢に関する分析があった。宮崎氏の朝鮮半島情勢に関する見方は、私たち日本国民にとっては極めてショッキングなものだ。「アメリカは朝鮮半島に介入する気がない」――少し長く引用しよう。

北朝鮮は核実験を延期して、韓国の大統領選挙の様子を見ている（というより工作員が文在寅政権の誕生を画策している）。文政権誕生となれば、南北統一を北が有利な条件で進められ、べつに軍事攻勢に打って出る必要性も稀薄になるからである。

（「宮崎正弘の国際ニュース・早読み」

二〇一七年五月七日付〈通算第五二八一号〉より）

これに関しては、この情報をもらった直後の五月一〇日、実際文在寅政権は誕生した。文在寅は「親北」どころか「従北」と呼ばれている人物だ。もう少し、宮崎氏の分析を見て行こう。ここからは米国のスタンスに関してだ。

すでにアメリカは韓国を守るためにアメリカ人の若い血を犠牲にする必要性を感じていない。第一に韓国は反米国家であり、韓国主導の南北統一は想定しにくくなった。第二に韓国軍はモラルが低迷し、戦争に打って出る気力が薄弱である。となれば、アメリカの利益は武力威嚇で北朝鮮と交渉し、アメリカ本土に届くICBMの開発を凍結させ、核兵器の小型化開発を凍結することである。この目的が達成されれば、日本に届く核ミサイルは容認しかねないだろう。（中略）

つまるところ、北朝鮮はアメリカとの核凍結、もしくは一〇〇〇キロ以遠を飛ぶミサイルの凍結という条件で取引に応じるのではないか。しかし、そうなったときに、日本は一〇〇〇キロの射程に入るから、独自の外交と交渉努力が新たに必要であることを戦略家のルトワックは同時に示唆している（引用者注：ルトワックとは、米シンクタンク「戦略国際問題研究所」のシニアアドバイザーであるエドワード・ルトワック氏のことである）。（同前）

アメリカが北朝鮮と手打ちをする――。この宮崎氏の分析通りになれば、私たち日本人にとっては大変なことになる。北朝鮮の核ミサイルに、日本独自で対応していかねばならなくなるのだ。実は、こういう懸念を抱いているのは宮崎氏ばかりではない。評論家の西尾幹二氏も二〇一七年六月一日の産経新聞紙上で、次のように警告を発している。

北朝鮮情勢は緊迫の度合いを高めている。にらみ合いの歯車が一寸でも狂えば周辺諸国に大惨事を招きかねない。悲劇を避けるには外交的解決しかないと、近頃、米国は次第に消極的になっている。日本の安全保障よりも、自国に届かないミサイルの開発を凍結させれば北と妥協する可能性が、日々濃くなっているといえまいか。今も昔も日本政府は米国頼み以外の知恵を出したことはない。

（産経新聞二〇一七年六月一日付より）

確かに、冷静に考えてみれば、これはあり得ない話ではない。私たちはアメリカが日本を見放すその危険性を考えておかねばならない。トランプ米大統領は「中国が北朝鮮問題の解決に参加しなければ、米国が（独自に）解決するだろう」と発言するなど、一見、北朝鮮に対し強硬に見える。しかし、忘れてはいけないのは、彼は「アメリカ・ファースト」のビジネスマンであるということだ。大統領選挙中は「在日米軍の駐留経費は当事国が全額負担すべきであり、払わなければ撤退もあり得る」「アメリカが攻撃されても日本は何もしないが、

日本が攻撃されたらアメリカは駆け付けなければならず、不公平だ」などと主張していた。大事なのはアメリカであり、絶対に守らなければいけないのはアメリカなのだ。日本ではない。

立場を替えて考えてみれば、これは当たり前と言えば当たり前だ。あなたが米国大統領だったとして、米国のためには戦わない日本のために米国軍が犠牲になるなどということが許容できるだろうか。そのために多額のお金をかけて在日米軍を置いておくことが、賢明だろうか。すでにオバマ前大統領の時から米国は「世界の警察官」から降りているのだ。トランプ大統領は言い方が極端でオーバーアクションでもあるが、こと日米安保に関しては言っていることの中身は必ずしも暴論ではない。

在日米軍の撤退ということに関しては、まったく別の視点からもその可能性を危惧する声がある。まったく別の視点とは、在日米軍基地のシェルターの現状だ。ある軍事のプロの話だが、在日空軍最大基地である沖縄の嘉手納基地でさえシェルターが十分だとは思えない、在日米軍基地全体のシェルターが極めて少ないように思われるということは、攻撃を受けた時に避難するところがない、隊員の命を守れないということだ。では、北朝鮮による核ミサイル攻撃が現実的に想定される状況になったら、米軍はどうするのか。その軍事のプロは「退く」と言った。軍事的には、それが正しい判断だということだ。言われてみれば、それは確かに素人でも納得する話だ。米国は、人口あたりの核シェルター普及率が八二%という国だ。平和ボケしている日本などとは危機意識が違う。その米国の軍事基地のシェルターが十分でないということは、本当にそこを守る気がない、そこで戦う気がないということだ。核ミサイル有事が現実的になる前に、今あるシェルターで守ることができる人員・部隊以外は撤退する。それが、米国の当然の判断であろう。

在日米軍基地、特に沖縄の米軍基地は嫌われ者と言ってよい。マスメディアは「基地は要らない。出て行け!」と叫ぶ人たちの姿や声をよく報じ伝えている。しかし、言われなくても米軍は自らの判断で出て行くことを考えているかもしれないのだ。

「金」が第二次世界大戦を引き起こした

話を北朝鮮の金《キム》（体制）からゴールドの金に戻そう。本章冒頭で「有事の金は生きている」ことについて述べた。ただ、ここでの「有事の金」の意味とは、「有事になると普遍の価値を持つ金の価格は上がる」というものだ。今、金価格は市場によって決まる。有事の発生であるとか、日常的にはドル相場やインフレ、年金基金の動向、需給バランスなどの要因で金価格は上下する。当然、金価格自体は不変ではなく、金も商品市場の一品目に過ぎないとも言える。

しかし、歴史を振り返ると、金がまさに最後の価値担保手段であったからこそ、戦争を惹起したことさえあった。第二次世界大戦がそれである。

金の歴史について詳しくは次章で述べるが、第二次世界大戦当時、世界は「金本位制」ではなかった。しかしそれでも、最後の価値としての金は生きていた。第二次世界大戦の勃発（一九三九年九月のドイツによるポーランド侵攻）

時点では、米国はイギリスやフランスに好意的ではあったが、一応中立国であった。第一次世界大戦でヨーロッパ列強の対立に巻き込まれてしまったという反省の感情が国内に強く、伝統的な孤立主義の外交政策を採り、一九三五年に「中立法」が制定されていたのである。一九三七年五月、その中立法は改正された。この改正により、戦争をしている国が現金で支払い自国船で輸送する場合には、中立国である米国から石油・鉄などの戦略物資を買うことができるようになった。さらに一九三九年一一月には、戦略物資のみならず武器も「現金・自国船」であれば米国から買うことができるとする新中立法が成立する。この「現金・自国船」とは、どんな意味を持つのだろうか。

まず、「自国船」だが、自国船で米国まで買い付けに行くためには制海権が確保されていなければならない。当時、制海権はイギリスの手中にあったため、この方式で戦略物資や武器を購入できるのは事実上英仏のみで、ドイツは不可能であった。もう一つの「現金」だが、現金支払いにはある条件が付けられていた。その条件とは、米ドルまたは金によること。そうした事情を勘案し、米国の中央銀行にあたる連邦準備制度理事会（ＦＲＢ）は、第二次世界大戦が勃発した一九三九年の一二月、開戦前夜の三九年八月末時点でのヨーロッパ交戦各国の金準備とドル準備の推定額の調査結果を公表した。当時の米国の金の公定価格（一トロイオンス＝三五ドル、一〇〇万ドル＝八八八・六七〇六kg）によって純金重量に換算すると、一〇三ページの表のようになる。

一目瞭然、ドル準備はもちろん金準備もドイツは連合国に比べて圧倒的に少なかった。ドイツの金準備は連合国全体の四〇分の一しかなく、カナダ一国の一九一ｔにすら達していなかった。これでは、ドイツは米国から軍需物資を買いたくても買えない。つまり、ドイツは制海権の面から自国船で戦略物資や武器を買えなかっただけではなく、買うための現金＝金がなかったのである。

ドイツの置かれた状況は、極めて悲観的であった。制海権がなく、戦略物資を買うための金準備も極端に少ないドイツは、短期決戦に訴えざるを得ない。一九四〇年五月、ドイツは西部戦線（対仏およびベネルクス三国）で総攻撃に出た。そして、電撃戦によって英仏軍を打ち破り、フランスは降伏しイギリス

ヨーロッパ交戦諸国のドル資源推定額（1939年8月末）

（純金重量換算）

	金準備	ドル準備	合計
英本国	1,777,341 kg	1,981,735 kg	3,759,076 kg
フランス	2,666,012 kg	515,429 kg	3,181,441 kg
カナダ	191,064 kg	1,257,469 kg	1,448,533 kg
その他英仏領	479,882 kg		479,882 kg
連合国合計	5,114,299 kg	3,754,633 kg	8,868,932 kg
ドイツ	133,301 kg	8,887 kg	142,188 kg

『横浜正金銀行全史』第4巻のデータを基に作成

軍は辛うじて本国に引き上げた。こうして第二次世界大戦の幕は切って落とされたのである。短期決戦を狙ったドイツの緒戦はこのように華々しかったのであるが、第二次世界大戦の結果は読者の皆様もご存知の通りである。

歴史に「もし」は禁物と言われるが、もし当時のドイツに潤沢な金準備があれば、もっとじっくり腰を据えた長期戦を戦えたかもしれない。そうなれば、世界の歴史はまったく変わっていたことだろう。金準備の少なさから来るドイツの焦りが戦争を惹起し、そして金準備の少なさがそのまま戦争の結果に結びついた――第二次世界大戦にはそういう側面もあるのである。

撃沈された金塊二一t

一九四〇年（昭和一五年）九月、日独伊三国同盟が締結される。しかし、遠く離れた日本とドイツで、どのようにして人的交流や戦略物資・新兵器などのやり取りを行なうのか。先に述べたように、制海権は連合国側にある。一九四一年六月の独ソ開戦により、シベリア鉄道経由の陸上連絡路も途絶した。そこで考えられたのが、「遣独《けんどく》潜水艦作戦」だ。潜水艦で日本とドイツを結ぼうというのだ。五回におよんだ遣独潜水艦作戦であったが、二回はなんとか往復に成功したものの、制海権を連合国側に抑えられていることもあり容易ではなく、あとの三回は途中で撃沈されている。

この潜水艦作戦だが、「遣独」の名が付けられていることからもわかる通り、熱心だったのはドイツよりも日本だった。当時の技術水準は、ドイツの方が日本よりかなり高かったからだ。潜水艦方位盤、電波探知機、急降下爆撃照準器などが日本に届けられた。中でも関係者を驚喜させたのは、一九四三年（昭和一八年）の第二次遣独艦イ八号の持ち帰った高速魚雷艇エンジンの実物だった。ところが実物を解体してみると、あまりにも精密で当時の日本の技術水準では同じものの量産が不可能なことがわかった。そこで、エンジン製作にあたったダイムラー・ベンツ社で日本人技術者を研修させるために、第五次の潜水艦イ五二号の派遣が決定された。一九四四年（昭和一九年）三月一〇日、イ五二号は呉軍港を出港した。乗員は海軍軍人一一八名、民間技術者七名、通訳一名の合計一二六名。イ五二号は途中シンガポールに寄港し、そこで生ゴム・タングステン・モリブデン・錫などを積み込む。戦略物資である。

このイ五二号には、呉軍港を出港する際にこうした戦略物資ではない、意外なものも積み込まれていた。それこそ、金塊である。金の延べ棒一四六本、重量にして二tの金塊が積み込まれていた。これは、技術研修との引き換えにドイツ側が要求したものだった。当時、金は最後の国際決済手段であり、ドイツがいかに金を欲していたかを表すエピソードだと言えよう。

このイ五二号が運んだ金塊だが、残念ながらドイツは手にすることができなかった。日本とドイツの暗号無電は米国に傍受・解読されており、米国海軍はイ五二号の動きを探知していた。イ五二号は当然潜航していたが、米国海軍機は低空からいくつもの音響探知機を投下してスクリュー音から潜水艦の正確な位置を割り出した。六月二四日早朝、イ五二号は対潜爆弾を受けて沈没した。

当時の記録によれば、日本からドイツに対する金の現送（現物の輸送）は一九四三年（昭和一八年）が四ｔ、一九四四年が二ｔとなっている。一九四四年の二ｔは撃沈されたイ五二号が運んだ分であり、その前年一九四三年の四ｔは、最新技術の兵器と引き換えに送られたものであろう。文字通り、「有事の金」だったのである。

金の急騰を引き起こすのは、イスラム原理主義勢力と北朝鮮だ

本章の最後に、もう一度現代の危機に話を戻そう。本章冒頭で、「一九七九年末の旧ソ連のアフガニスタン侵攻により、金価格は一トロイオンス＝八七五ドルまで暴騰した」と書いた。アフガニスタン――多くの読者にとっては、旧ソ連のアフガニスタン侵攻より、タリバンやアルカイダといったイスラム原理主義組織のイメージが強いのではないだろうか。タリバンは、パキスタンとアフガニスタンで活動するイスラム原理主義組織で、一九九六年から二〇〇一年一一月頃までアフガニスタンの大部分を実効支配した。アルカイダは、二〇〇一

年九月一一日の米国同時多発テロを引き起こした組織として名高い。

しかし実は、皮肉なことにアルカイダの生みの親は米国だ。アルカイダは、ソ連のアフガニスタン侵攻に対抗させるために、米国中央情報局（ＣＩＡ）とパキスタン軍統合情報局（ＩＳＩ）、サウジアラビア総合情報庁（ＧＩＰ）が、ムジャーヒディーン（イスラム義勇兵）を訓練・育成し、武装化させたことに始まる。彼らはゲリラ戦を主体としてソ連軍と戦った。ソ連軍撤退後の一九八八年、彼らはアルカイダを組織し、世界各地でテロを実行する組織となる。

ところで、金価格が急騰した一九七九年には、旧ソ連のアフガニスタン侵攻の前にも大変な事件が起こっていた。二月にイラン革命、一一月にはイラン米国大使館占拠事件だ。中東の話となると、どうも私たち日本人には遠い世界のことで、「よくわからないなあ」という読者が多いと思うので、簡単に説明しておこう。

革命前のイランは、親米のパフラヴィー朝が米国をはじめとする欧米諸国からの支援を元に開発独裁と親欧米化路線、並びに西洋化改革の一環としてイランの世俗化を進めていた。これに反発したイスラム原理主義勢力が、イスラム教シーア派最高指導者ホメイニ師に率いられてパフラヴィー朝を倒し、政権を奪取したのがイラン革命である。そして米国大使館占拠事件というのはそれに続く事件で、同年一〇月、パフラヴィー元皇帝が「ガンの治療」のためという名目で米国に入国（事実上の亡命）したことに反発したイスラム法学校の学生らが、米国大使館の塀を乗り越えて侵入して大使館を占拠。米国人外交官や海兵隊員とその家族の計五二人を人質に、元皇帝のイラン政府への身柄引き渡しを要求した事件である。

ここまでお読みになって、読者は何かに気付かないであろうか――。一九七九年〜八〇年にかけての金の急騰、二〇〇一年同時多発テロによる「有事の金」の復活、いずれもイスラム原理主義がからんでいるのである。そして、9・11の翌年、二〇〇二年一月二九日の一般教書演説でジョージ・W・ブッシュ大統領が「悪の枢軸」と呼んだのが、北朝鮮・イラン・イラクの三ヵ国であった。イラン・イラクは言うまでもなくイスラム国家である。イラクはその後、米国主体の有志連合にイラク戦争を仕掛けられ敗北し、サダム・フセインは死刑に処せられた。今は同じシーア派ということもあり、米国が敵視するイランとの関係を強化し、親イラン傾向が強まっている。

そして、北朝鮮もイランとの関係は深い。イランの中距離弾道ミサイル・シャハブ3は、北朝鮮のノドンを元に開発されたと考えられているし、二〇一七年一月二八日にイランが発射した中距離弾道ミサイルは、北朝鮮のムスダンだと見られている。外交筋によると、北朝鮮は過去、イランに少なくとも一九基分のムスダンの部品を供給。米財務省は二〇一六年一月、北朝鮮でのミサイルのエンジン開発にイランの技術者が関与していると明らかにした。

このような北朝鮮・イラン間の協力関係は現在、ミサイル本体の提供といったハード面より、技術や実験データといったソフト面での協力や共同開発に重点が置かれているとされる他、第三国を経由してミサイル技術を交換するなど移転手法が巧妙化しているとの指摘があり、最近においても両国間の協力関係が継続している旨の報道が散見される。

金の急騰が起こるのは、「世界の警察官」である米国が制御できない事態が生じた時である。その事態を引き起こす代表が、イスラム原理主義勢力であることは、今まで見てきた通りである。彼らは何をしだすかわからない。自爆テロなどなんとも思わない。だから、トンデモナイ事態を引き起こし、それが世界中を恐怖に陥れ、金価格の急騰を招く。

そして今、イスラム原理主義勢力と同様に何をするかわからない異常な国家がある。しかもその国は、核ミサイル開発においては、イスラム原理主義国家であるイランをはるかにしのぎ、ひとたびコトを起こせば９・11やパリ同時多発テロの比ではない最悪の事態を引き起こす力を身に付けてしまったのだ。その最悪の事態が現実のものとなった時、金価格は急騰、いや暴騰する。その日は、決して来てほしくはないのだが……。

第四章　金の驚くべき歴史

人類と金

金の歴史は古い。人類が初めて金を発見した時期は、七〇〇〇～八〇〇〇年前と言われる。人類が初めて見た金は、おそらく砂金などの自然金であると考えられる。通常、一tの金鉱石から採れる金は数g程度であるが、ごくまれに非常に純度の高い金塊が見つかることがある。それが「自然金」だ。ちなみに、これまでに発見された世界最大の自然金は一八六九年にオーストラリアで発掘されたもので、その重さは約七一kgに達するという。

人類が本格的に金を利用し始めたのは、紀元前三〇〇〇年代だと言われる。その当時から金は極めて価値の高いものとして扱われた。エジプトでは太陽を神として崇拝していたが、その太陽を象徴するものとして金は大切に扱われたのである。人々は金が放つまばゆい輝きを太陽の光に重ね、決して腐食しない金の持つ永遠の価値を太陽の存在に重ねたのかもしれない。

当時、金を保有するのは王の特権であり、一般市民が金を持つことは許されなかった。金は権力の象徴であった。この頃には、金を鉱石から分離し、製錬する技術が開発された。採掘作業には奴隷が用いられ、危険で過酷な労働を強いられていたという。その結果、人類は大量の金を採掘、精製、加工することができるようになった。有名なツタンカーメンの黄金のマスクや黄金の棺には、実に一ｔもの大量の金が用いられているという。

紀元前七世紀～六世紀頃には、世界で初めての金貨が作られた。「エレクトロン貨」と呼ばれるその金貨は、現在のトルコ西部に栄えたリディア王国で発行された。その後、紀元前五六〇年に即位したクロイソスは通貨改革を行ない、金貨と銀貨による通貨制度を世界で初めて導入した。金の品位が三〇～五〇％程度であったそれまでのエレクトロン貨は廃止され、品位約九八％と純金に近い金貨が大量に作られた。

その後、鋳造貨幣はギリシャ、ローマ、ペルシャ、インドなどに広まっていった。金が貨幣として本格的に利用されるようになったのは、一三世紀にフィレンツェ共和国が発行したフローリン金貨からだと言われている。フローリン金貨は品質の良さに加え、フィレンツェの銀行がヨーロッパ中に支店を展開していたため、国際通貨として重要な役割を果たした。フローリン金貨はヨーロッパ各国の模範となり、一四世紀にはヨーロッパの多くの国々でフローリン金貨を模した硬貨が鋳造された。

日本で作られた最初の金貨は、七六〇年の「開基勝宝」と言われる。ただ、開基勝宝は貨幣として広く流通することはなかったようだ。その後、しばらくは国内で鋳銭事業は行なわれず、中国より流入した唐銭、宋銭、明銭などが使われた。戦国時代になると、戦国大名は軍資金を確保するため鉱山開発を進めた。多くの武将がそれぞれ独自の金貨を鋳造した。ただし、これらの金貨は主に領内で通用する領国貨幣であり、その使途は限定的であった。そして豊臣秀吉が天下を統一すると、天正大判・小判を鋳造し、貨幣の統一を図った。ちなみに、天正大判のうちもっとも古い天正菱大判は、長さ一七・五センチ、幅一〇・二センチ、重さ一六五gと郵便はがきほどの大きさがあり、世界最大の金貨と言われている。

さらに、江戸時代にはいよいよ貨幣制度は完成へと向かう。金・銀・銅の三貨を本位貨幣とし、貨幣制度の中心に一両小判を置いた。

インカ帝国と黄金伝説

アンデス山脈に栄え、一五世紀に最盛期を迎えたインカ帝国も金との関わりが深い。インカ帝国は大量の金を保有しており、豊富な金が巨大な国家を支えていた。しかし、その豊富な金がスペインに狙われ、一五三三年に攻め滅ぼされてしまった。その時、捕らえられた皇帝アタワルパは、自らの助命嘆願のために幽閉されていた部屋一杯の金を渡したと言うから、いかにインカ帝国が黄金に満ち溢れていたかが窺える。

しかし、スペインはその莫大な金を受け取ったものの、アタワルパを解放せず処刑した。さらに奪えるだけの金を、奪い尽くして行った。そして、一説には五ｔとも言われる莫大な量の金がヨーロッパに持ち込まれた。その結果、ヨーロッパでインフレが発生し、スペインの国力が弱体化したのは皮肉な話である。

その後も、南米アンデス地方には黄金郷が存在するという噂はヨーロッパ人の間で広まった。「エルドラド」と呼ばれる伝説の黄金郷を求め、多くの人々が南米を目指した。エルドラドは一八世紀後半まで約三〇〇年もの間、実在すると信じられ世界地図にも描かれていた。しかし、誰一人として発見できなかった。一九世紀初頭、探検家のアレクサンダー・フンボルトが南米を踏破し、エルドラドは地図上から消し去られた。

黄金伝説は日本にもある。その伝説はヴェネツィアの冒険家、マルコ・ポーロが口述した『東方見聞録』によりもたらされた。マルコ・ポーロは日本について、「中国大陸の東方海上一五〇〇海里にある巨大な島で、宮殿の屋根は純金で覆われ、宮殿内の部屋も床も分厚い純金の板で敷きつめられている」などと紹介している。マルコ・ポーロが語る宮殿は、奥州平泉の中尊寺金色堂がモデルになっていると言われる。平安時代末期、陸奥地方では多くの砂金を産出していた。その莫大な金は、平泉に黄金文化をもたらした。金こそが、奥州藤原氏の栄華の源泉であった。

実はマルコ・ポーロ自身は日本に来たことがなく、中尊寺金色堂の様子が誇張されて伝えられたようだ。また、日中貿易での支払いに日本は金を使っていたことや、イスラム世界には倭国（Wa–quo）、つまり日本に由来すると考えられる「ワクワク」と呼ばれる黄金の国の伝説があり、これらが「黄金の国・ジパング」の伝説を形成していったと言われる。

「黄金の国・ジパング」伝説もまた、多くの人々を冒険へと駆り立てた。あのコロンブスもその中の一人である。コロンブスは新大陸発見で知られるが、実はコロンブスは黄金の国・ジパングつまり日本に惹かれ西回りでのアジア到達を目指していた。そして苦難の航海の末、到達したカリブ海の島を東アジアであると信じていたのである。

いずれにしても『東方見聞録』により、ヨーロッパに「黄金の国・ジパング」の噂が広まり、その後の東方探検ブームにつながっていったのである。

ゴールドラッシュの光と影

一八四八年一月二四日、農場主ジョン・サッターの使用人、ジェームズ・マーシャルは、カリフォルニアのサクラメント東方にある水路で輝く金属の欠片を見付けた。マーシャルはサッターに報告し、二人でその金属を分析すると、なんと金塊であった。金発見の噂は瞬く間に広がり、多くの人々がシェラネバダ山脈の山中に殺到した。こうして、カリフォルニア・ゴールドラッシュは始まった。翌一八四九年には多くの米国人がカリフォルニアを目指した。彼ら初期の採掘者たちは「フォーティナイナーズ」（四九年の人々）と呼ばれた。

ただ、当時、多くの人々にとってカリフォルニアに行くのは容易なことではなかった。彼らの多くは東部から海路でカリフォルニアを目指したが、何しろパナマ運河などない時代だ。航海の難所と言われる南アメリカ南端のホーン岬をぐるりと回り、カリフォルニアまで半年くらいかかったという。大陸を横切る山岳路も困難を極め、コレラやチフスなどの病気で数千人以上の人々が命を落としたという。このような危険を冒してまで、米国内外から三〇万人もの人々が一獲千金を夢見てカリフォルニアを目指したのである。日本からはジョン万次郎がカリフォルニアに渡航している。捕鯨船の船員だった彼は、サンフランシスコに渡り金鉱山で数ヵ月間、金を採掘する職に就いたという。

ゴールドラッシュによりサンフランシスコはおおいに発展した。人口はゴールドラッシュ以前の二〇〇人程度から、一八五二年には約三万六〇〇〇人に急増した。道路や鉄道などのインフラが整備されたが、人口の急激な流入には追いつかず、多くの人々がテントや掘っ立て小屋などで生活したという。カリフォルニアの人口も一八五二年には二〇万人に急増し、州に昇格した。

これだけ人口が増えれば当然、様々な需要が生まれる。彼らの需要を満たすために、様々な商品を載せた船が世界中からサンフランシスコにやって来た。しかし、サンフランシスコの港には入港したまま、いつまでも出港しない船で溢れたという。サンフランシスコ入港後、脱走する乗組員があとを絶たなかったからだ。彼らは金鉱山に向かったのだ。こうしてサンフランシスコの港には、数百隻もの船が放置された。

一八五〇年頃には、容易に採掘できる金はあらかた採り尽くされた。次第に金採掘の難易度が上がり、採掘場所が拡大するにつれ、外国人坑夫に対し税金をかけるなど外国人排除の動きが強まる。しかし、一番の犠牲者はインディアンであった。金に目がくらんだ大勢の「侵略者」は、食物採集地域を含むインディアンの大切な生活の場を容赦なく奪って行った。インディアンの中には、坑夫を攻撃するなど抵抗する者もいたが、銃を持たない彼らは無力であった。多くのインディアンが虐殺、あるいは飢え死にすることとなった。ヤヒ族のように、虐殺により絶滅させられた部族さえある。

このような多大な混乱と犠牲を伴ったゴールドラッシュの成果はいかなるものだったのか？　確かにゴールドラッシュの初期には容易に採掘できる金が多く、一獲千金の夢を実現した者もいた。一日に採れる金の価値は、当時の東海岸の労働者の日給の一〇倍から一五倍に相当したという。金鉱山で数ヵ月働き、一気に数年分の収入を得た成功者もいた。成功者の中には大規模に事業を展開する者も出た。ゴールドラッシュ景気に乗じ、一八五二年にはヘンリー・ウェルズとウィリアム・ファーゴらが、後に大手金融機関へと発展する「ウェルズ・ファーゴ」を設立した。また、ジーンズの「リーバイス」で知られるリーバイ・ストラウスも、ゴールドラッシュで大成功を収めた一人だ。彼は、坑夫たちが金の採掘作業中にズボンがすぐに破れてしまうのに困っていたことに目を付け、丈夫なジーンズを販売し大儲けしたことで知られる。

しかし、「カリフォルニア・ドリーム」を実現した成功者はごく一部に過ぎない。一獲千金を夢見た人々の多くはほとんど利益を上げられないか、渡航費などの経費を差し引けば損失を被ったという。多くの人々は、低賃金で過酷な労働に耐えるばかりであった。

何はともあれ、ゴールドラッシュにより大量の金が採掘された。その量は、ゴールドラッシュ当初の五年間で三七〇ｔという推計もある。やがて金の供給増加は暴落を招き、採算が取れなくなった鉱山が次々に閉山に追い込まれ、ゴールドラッシュは終焉したのである。

錬金術がもたらしたもの

希少な金をなんとか作り出すことはできないものか……。そう考えた多くの人々が錬金術に挑んだ。その主な方法は、他の金属を変性させて金を作り出すというもので、中世ヨーロッパを中心に盛んに研究された。錬金術の発祥には諸説があるが、エジプトが有力視されている。アレクサンドリアを中心に発展し、やがてアラビア・イスラム世界に伝わった。また、中国においても錬金術の一種、錬丹術が発展した。中国では、不老不死を目的に錬金術が研究された。不老不死の薬である「仙丹」を創り、それを服用することで仙人になり、不老不死を手に入れることができると考えられていた。創薬に用いられた硫化水銀は、大量に服用すれば中毒になる。水銀を服用し急死した皇帝も少なくない。不老不死を目指したにもかかわらず、逆に命を縮めるとは何とも皮肉な話だ。

錬金術は「賢者の石」を創り出すことが最大の目標とされた。賢者の石とは、卑金属を貴金属に変える物質である。たとえば賢者の石を使って銅や鉛などを金に変えるという試みだ。多くの学者が賢者の石を発見しようと旅に出たり、あるいは発明するために実験を行なった。多くの人々の努力にもかかわらず、人類が賢者の石を手にすることは叶わず錬金術が完成することはなかった。

それでも、錬金術の研究は人類にとって決して無駄ではなかった。錬金術の研究の中で、中国における火薬の発明、中東における硝酸、硫酸、塩酸、王水などの発明、ヨーロッパにおける磁器の製造法発見など、多くの成果を上げ、科学の発展におおいに貢献した。しかし、科学が発展するにしたがい、錬金術の実現は不可能という見方が強まり、錬金術は急速に衰えていったのである。

金本位制の時代とその終焉

まばゆい輝きを放ち、腐食せず、加工しやすい金は、世界中でその価値が認められたため金貨が貨幣として利用された歴史があるが、金貨は貨幣としては使い勝手が良いとは言えなかった。金は比重が高く、大きさのわりに非常に重く、持ち運びが不便だ。そこで、各国の中央銀行が保有する金と同じ額の紙幣を発行した。その紙幣は、金地金との交換が保証された。この仕組みが、金本位制である。金本位制を実施するには、中央銀行が十分な量の金を保有していることが必要になる。

金本位制は一八一六年にイギリスで始まった。当時のイギリスは広大な植民地を有し、そこから集めた金を裏付けとすることができたのだ。金価格は一トロイオンス（約三一・一〇三五g）につき、三ポンド一七シリング一〇ペンス半と定められた。その後、ヨーロッパを中心に多くの国が金本位制を採用した。

わが国も明治時代に金本位制を採用した。一八七一年に「新貨条例」を制定し、通貨単位をそれまでの「両・分・朱」から「円・銭・厘」に変えた。金・銀・銅の新貨幣も発行し、金本位制の導入を試みた。しかし、当時の日本は金・銀が不足しており、発行された紙幣は金や銀と交換できない不換紙幣であった。さらに、当時のわが国は経済基盤が弱く、円の信用力も低かったため、金の流出が続いた。そのため金本位制を維持することができず、一時的に銀本位制に移行した。その後、一八九七年日清戦争の賠償金を準備金として金本位制を採用した。金〇・七五ｇ＝一円とされた。

イギリスのポンドを中心とする金本位制は、一九一四年まで続いた。しかし同年、第一次世界大戦が始まると各国政府は金本位制をやめ、管理通貨制度に移行した。つまり、各国の通貨当局は金の保有量に縛られず、通貨の発行量を自由な裁量により調節したのである。

金本位制においては、紙幣は金地金との交換が保証されるわけだから、おのずと通貨の発行量は制限される。しかし、戦争には巨額の資金が必要だ。ましてや第一次世界大戦のような大規模な戦争であればなおさらで、各国は巨額の財政支出を行なうことになる。そのような時に、「保有する金の範囲内で通貨を発行する」などとは言っていられない。こうして第一次世界大戦が始まると、各国は金本位制を中断したのである。

第一次世界大戦後、経済の復興に伴い、イギリスをはじめ各国は金本位制に復帰した。ただ、イギリスは経済力が衰えつつあったにもかかわらず、旧平価つまり大戦前の割高なレートで金本位制に復帰したため、国際競争力が低下し貿易収支も悪化、資本は米国へと流出した。

米国が行なった金融緩和も米国への資本流入に拍車をかけ、一九二〇年代のバブルへとつながっていく。一九二九年九月三日にはニューヨークダウは三八一・一七ドルの高値を付けた。しかし、それがピークであった。一〇月二四日には「暗黒の木曜日」(ブラック・サーズデー)と呼ばれる最初の大暴落が発生し、ニューヨーク株のバブルは崩壊した。株価は大きく上下を繰り返しながら、すさまじい勢いで暴落していった。ニューヨークダウは一九三二年七月八日に四一・二二ドルを付けるまで、下げ止まることはなかった。三年弱で約八九%という、すさまじい大暴落であった。

ニューヨーク株暴落をきっかけに深刻化した世界恐慌により、再び金本位制の維持は困難になった。金本位制の下では、世界恐慌という極めて深刻な不景気に対し、十分な資金供給ができるはずもなかった。こうして、各国は金本位制から次々に離脱していった。

第一次世界大戦後、各国が金本位制に復帰する中、わが国は大戦景気から一転一九二〇年には戦後恐慌に陥り、さらに一九二三年の関東大震災発生もあり、金本位制に復帰できずにいた。一九二八年にフランスが金輸出解禁（金本位制への復帰）を行なうと、わが国でも金解禁を求める声がいよいよ強まった。

そして一九三〇年、濱口雄幸内閣はついに金解禁に踏み切った。しかしイギリスと同様、やはり旧平価での金本位制復帰であったため、金の流出を招いた。しかも、前年には世界恐慌が始まっていた。その影響は金解禁後の日本を容赦なく襲い、景気は一気に冷え込んだ。旧平価による金解禁を行なったため、割高なレートが物価の下落と国際競争力低下に拍車をかけた。

一九三一年にはイギリスが金本位制離脱に追い込まれ、欧州各国も追随した。日本も同年つまり金輸出を解禁した翌年、犬養毅内閣により金輸出は再禁止され、金本位制から離脱した。

金本位制から金／ドル本位制へ

こうして世界の金本位制は、各国の離脱・復帰を繰り返しつつ崩壊したが、米国には圧倒的な国力を背景に世界中の金が集中するようになった。もはや、米国以外の国には金本位制を維持するのに十分な金はなかった。

そして、第二次世界大戦後には「ブレトンウッズ体制」と呼ばれる国際通貨体制がスタートする。ドルは金との交換が保証され、その交換比率は一トロイオンス＝三五ドルと定められた。これは、米ドルを金と並ぶ国際通貨とすることを意味しており、金／ドル本位制とも言われる。通貨の切り下げ競争を防ぐため、各国通貨と米ドルとの為替レートは固定された。

日本円については一ドル＝三六〇円に固定され、輸出の増大を通じて戦後の日本経済の復興、成長につながった。そして、米ドルは米国が保有する大量の金を裏付けに基軸通貨となったのである。

しかし、米国の圧倒的な経済力にも次第に陰りが見え始める。一九六〇年代になると、ベトナム戦争や社会保障の拡充などにより財政支出が増加し財政赤字に陥った。また、日本や欧州諸国の経済成長により米国の貿易赤字が増大、国際収支が悪化した。大量の米ドルが国外に流出し、米ドル紙幣の発行量が増加すると、次第に米ドルへの信用がぐらつき始める。各国はドルを金に交換し、金の回収に動いた。その結果、大量の金が米国から流出し、金準備高は激減した。ドルと金との交換を保証すること、すなわち金／ドル本位制の維持はもはや困難であった。

そして、ついに一九七一年八月、米大統領であったニクソンは金とドルの交換停止を宣言した。この「ニクソンショック」によりブレトンウッズ体制は崩壊した。同年一二月の「スミソニアン協定」により、金とドルとの交換比率をそれまでの一トロイオンス＝三五ドルから三八ドルへと変更しつつ、金／ドル本位制を維持しようとしたものの、米国の国際収支の悪化に歯止めはかからなかった。この「スミソニアン体制」も崩壊し、一九七三年各国はついに変動相場制に移行した。一九七六年の「キングストン合意」により変動相場制が正式に承認され、一九七八年四月の協定発効をもって金本位制は完全に終焉した。

変動相場制の下での金相場

金本位制の終焉により、為替レートと同様、金価格も激しく変動することとなった。特に、一九七〇年代は世界的にインフレの激しい時代であった。一九七三年に第一次石油ショックが発生すると、原油価格の高騰を通じ、世界は物価の高騰に見舞われた。金相場も急騰し、一九七四年には一トロイオンス＝一九七・五ドルまで上昇した。金／ドル本位制下の公定価格三五ドルと比べると五倍を上回る高値であったが、上昇相場はまだまだ序の口であった。

一九七八年の第二次石油ショック、翌一九七九年のソ連のアフガニスタン侵攻により、信用リスクのない実物資産として「有事の金」を求める動きに拍車がかかり、金価格はすさまじい勢いで上昇していった。一九八〇年には一トロイオンス＝八五〇ドルの歴史的高値を記録した。しかし、金相場はそれをピークに、その後約二〇年にわたり下落基調で推移することになる。

一九八〇年代には米国の高金利政策によりインフレが沈静化し、金価格は下落していった。一九八二年の中南米の債務危機、フォークランド紛争、一九八七年のブラックマンデーなど、有事の金買いが起きる場面もあったが、上昇は一時的なものに終わった。

九〇年代に入ると、金相場はますます下落基調を強める。米国の景気が上向き、米ドルへの信頼が高まった影響が大きい。何しろ米国の景気拡大は、一九九一年三月から二〇〇一年三月まで一〇年間も続いた。ニクソンショックを機に暴落を強いられた米ドルが信頼を取り戻した結果、金への需要は低下していった。基軸通貨の米ドルが信頼するに値すれば、米ドル建ての資産を持っていれば十分であり、金利を生まない金を持つ意味はないからだ。

さらに東西ドイツの統一、ソ連の崩壊により冷戦が終わると、有事の金買いにより高騰する局面も少なくなった。ヨーロッパを中心とする各国中央銀行による保有金の大量売却もあり、一九九九年七月には一トロイオンス＝二五二・八ドルの安値を付けた。

二〇〇〇年代に入り、金相場は復活する。米国の景気に陰りが出てきたことに加え、二〇〇一年九月に発生したニューヨーク同時多発テロにより米国や米ドルへの信頼が揺らぎ始めると、「有事の金」が再び見直され、金相場は上昇トレンドに入っていった。金相場はほぼ毎年、価格水準を切り上げていき、二〇〇八年三月には一トロイオンス＝一〇〇〇ドルを突破した。

その後、二〇〇八年九月のリーマン・ショックに端を発した世界的な金融危機を受けて乱高下しつつも、未曽有の金融危機に対応するために各国が行なった空前規模の金融緩和を追い風に、金価格はぐんぐん上昇していった。二〇一一年九月には、一トロイオンス＝一九二三・七ドルの史上最高値を記録した。

それ以来、金相場はこの時の高値を超えることができずにいる。金融危機による混乱が落ち着きを取り戻し、米国の利上げが視野に入って来ると、金相場は下落基調を強めていった。二〇一五年一二月、米国が利上げに踏み切ると金

過去100年の金価格推移

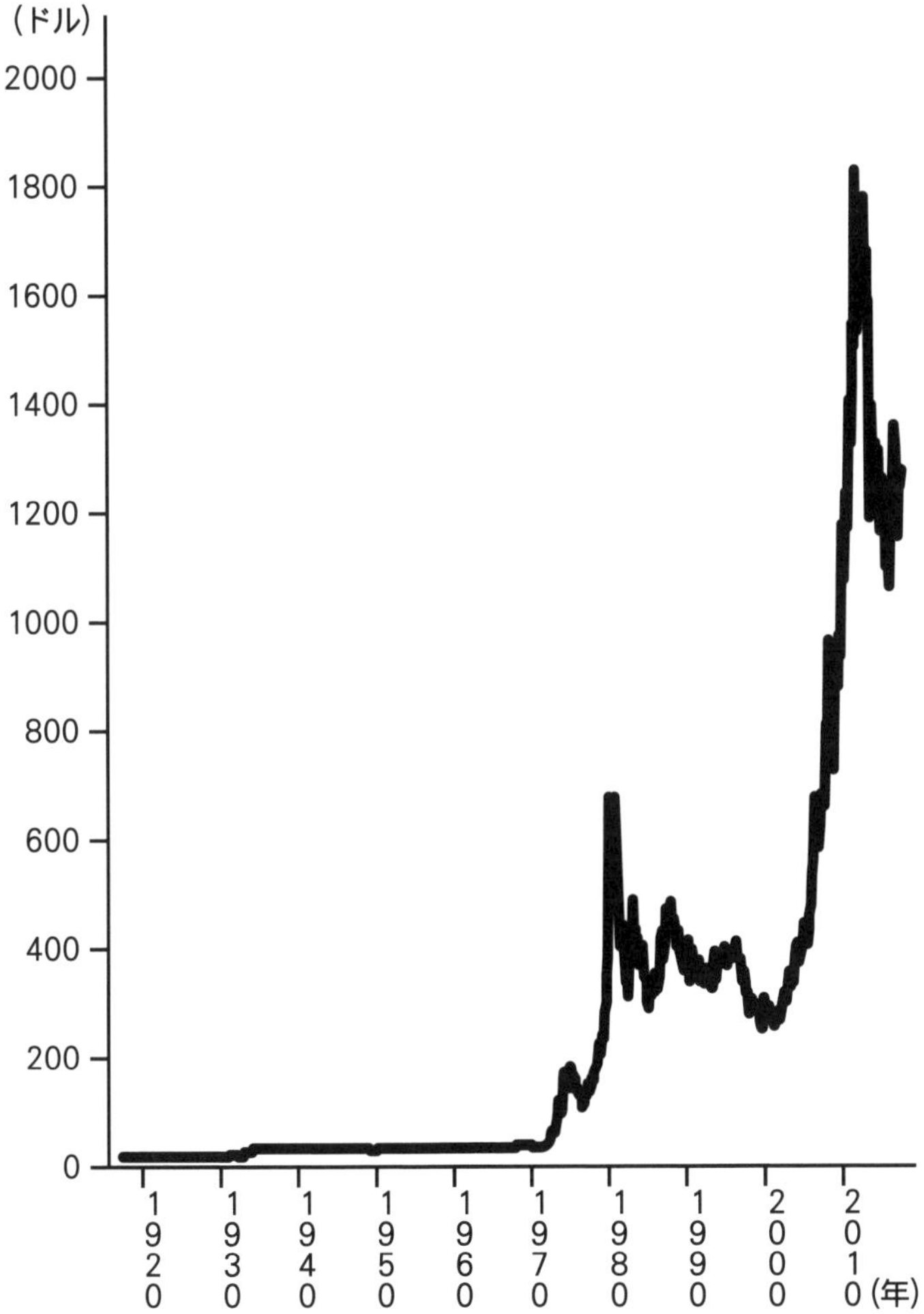

Macrotrendsホームページのデータを基に作成

価格は一〇四六・二ドルまで下落した。その後、二〇一七年六月まで米国は三回の追加利上げを実施している。それにもかかわらず、金価格は一二〇〇ドル台半ばで推移している。金利を生まない金にとって、米国の利上げは本来、逆風となるはずだ。

では、なぜ金相場は底堅く推移しているのだろうか？　ＦＲＢ（米連邦準備制度理事会）が石橋を叩くがごとく慎重に利上げを進めてきたため、金相場は事前に利上げを織り込んで大きく下落していたこともあろう。また、ＦＲＢが当初予定していたほどのペースでは利上げできていないことも影響していると考えられる。

しかし、より根本的な部分では、米ドルを含めた通貨に対する不信や不安があるのではないか。金本位制を放棄した各国は、通貨を無限に発行できるようになった。金融危機以降、世界中で大量に発行されたマネーは、通貨価値の希薄化を促す。それが通貨の暴落という形で爆発するリスクを、現在の金相場は暗示しているのかもしれない。

第五章　二〇二五年日本国破産で金はどうなる!?

人生で最悪のクラッシュ

「次の危機は中銀や政府の危機であるがゆえに、公的な年金基金が行き詰まるなど大変な災害になる。これまで経験した中でも最悪の危機になるだろう」（日本経済新聞二〇一七年七月三日付）。

世界三大投資家として知られる米著名投資家のジム・ロジャーズは、こう警鐘を鳴らした。誠に恐ろしいことを口にしているが、同氏の警告は今に始まったことではない。ロジャーズの兼ねてからの持論は、「七〇年余りの人生で最悪のクラッシュがやって来る」というものだ。その根拠は、「中央銀行や政府部門が抱える巨額の資産や債務」にあるとしている。

第二章でも述べたが、現在、日米英欧の中央銀行のバランスシートの合計は約一五兆ドルにまで膨らんだ。これに他の中央銀行のバランスシートを合わせると、約一九兆ドルに達する。二〇〇〇年には、約三兆ドルであった。

債務も増えている。ＩＩＦ（国際金融協会）によると、世界の総債務残高は二〇一七年三月時点で約二一七兆ドルだ。これは、対ＧＤＰ比で三二七％にのぼる。これが二〇〇〇年の時点では一八〇％強であった。世界中で、債務が加速度的に増えていることがわかる。こうした状況を省みたロジャーズが出した結論は、「どんな手を打っても危機は回避できない」。しかし、危機を最小限に抑える唯一の方法があると説く。それは、「できるだけ早く市場への介入や支援措置をやめて、バブルを弾けさせることだ」。

そしてロジャーズは、個人的に次の危機にどう備えているかという質問に対して「今は米ドルを保有している。危機の際、米ドルは歴史的に資産の逃避先になってきた。だから次の危機でも米ドルは高騰し、バブルになるだろう。可能ならその水準で保有する米ドルを売り抜けられればいい」（以上すべて日本経済新聞二〇一七年七月三日付）と回答している。

ロジャーズが指摘している通り、次の危機は発行体の信認が脅かされる事態にまで発展する可能性が高い。先進国を中心に次の危機に対応する手段がほとんど残されていないためだ。金利の水準は過去の平均に比べて段違いに低い。さらには少子高齢化に起因した社会保障費の増加により、各国の財政は著しく逼迫している。

こうした状況で、次に危機が起こればどうなることか？　少し考えただけでも、とても恐ろしいことになると気付く。まず、各国の中央銀行が再び債券などの資産の購入を余儀なくされるということは必至だ。また、現時点で各国の金利も相当に低いため、マイナス金利が当たり前のように出現するだろう。ヘリコプター・マネーといったまさに異次元の政策が導入されることも決して否定できない。これらの政策は、そのすべてが通貨の信認を毀損させるだろう。

米ドル経由ゴールド

では、私たち日本人はどのように対応すれば良いか？　ロジャーズの予測に従うと、まずは米ドルを保有しておく必要がある。そして、ドルが高騰した際

世界の債務

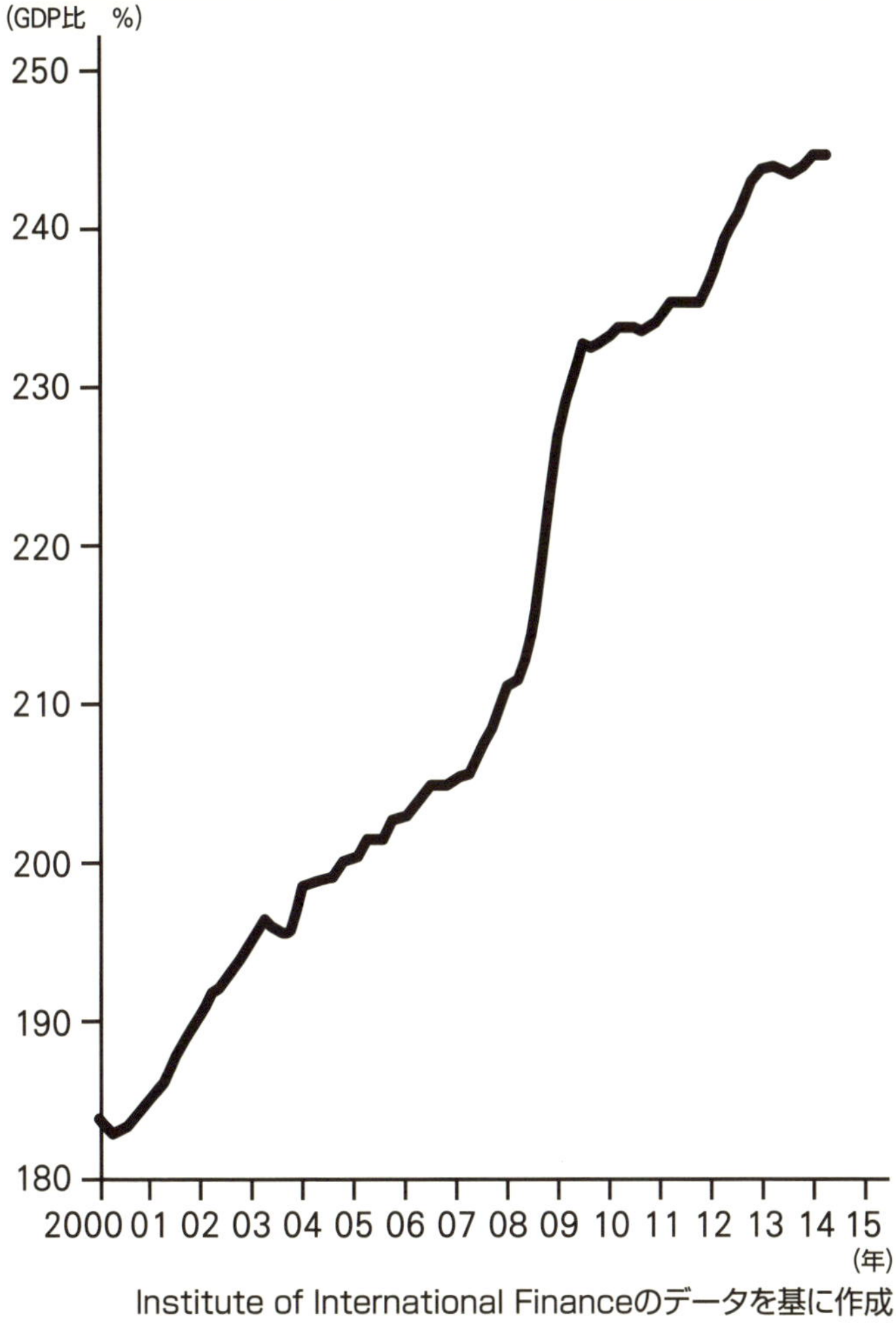

Institute of International Financeのデータを基に作成

にどこかのタイミングで金を購入すれば良い。金はドル建ての商品であり、ドルが上昇した時は往々にして金の価格は下がる。そこが最後にして最大の金の買い場だ。ロジャーズはドルの高騰後に、そのドルもいずれかの時点で危機に陥ると予想している。金はドルをヘッジする代表的な商品であり、ドルが下がる局面では高騰が必至だ。リーマン・ショックのあとにドル危機が叫ばれた際は、二〇一一年九月に過去最高値（一九二三ドル）を付けている。次に危機が起きれば、金の価格は優に最高値を更新する可能性が高い。一トロイオンス＝四〇〇〇〜五〇〇〇ドルを付けることも十分にあり得る。

中には、リーマン・ショック後の経験から「米ドルは怖い」と思っている方もいるかもしれない。もし、そうであるならば、円に購買力が備わっているうちに最初から金を買っておけば良い。しかし、発行体のリスクという観点からすると、米ドルよりも日本円やユーロの方が先に紙キレと化す可能性が高い。その理由は、日本と欧州が長期の債務サイクルの終盤に差し掛かっているためだ。

ここからは世界最大のヘッジファンド、ブリッジ・ウォーター（運用資産二〇〇〇億ドル）のマネージャーを務めるレイ・ダリオ氏の分析を拝借する。ダリオ氏が景気サイクルを分析する上でもっとも重要視しているのが、「債務サイクル」だ。債務による富の創造段階では景気が拡大し、債務が積もって返済に追われる段階になると景気は縮小、そして債務の負担が軽減されると景気は再び回復へと向かうという普遍的かつ単純なサイクルをダリオ氏は重要視する。

ダリオ氏は、こうした単純なサイクルには短期と長期の二つがあると説く。短期的なサイクルは五〜八年で一巡、長期的なサイクルは七五〜一〇〇年で一巡するという。同氏の見解では一九二九年からの米国における長期的な債務サイクルが一巡した結果が、二〇〇八年のリーマン・ショックだ。

そして、危機の震源地となった米国の債務は現在、短期の債務サイクルの中期後半に差し掛かっていると二〇一七年五月に証言している。米国の長期の債務サイクルは一巡したことから、同氏の米国への見方は意外にも楽観的だ。「（米国の）債務規模は今後も拡大しつつも、経済面ではある程度の強い伸びが期待できる」としている。

日本が先か欧州が先か

他方、長期的な債務サイクルの終盤に差し掛かっているると分析しているのが日本と欧州だ。確かに、日本の場合は一九四五年に実質的なデフォルトを起こしてから七〇年以上が経過している。ダリオ氏の考え方に当てはめると、長期のサイクルの終盤に位置している可能性が高い。欧州は国ごとに状況が異なっているため一概には言えないが、イタリアの債務などは紛れもなく危険水域に入っている。

日本と欧州の債務を危険視しているのはダリオ氏だけではない。米国の著名なシンクタンク、アメリカン・エンタープライズ研究所で研究員を務めるデズモンド・ラックマン氏も、米ニューズウィーク誌（二〇一六年九月一五日付）で「イタリアと日本国債の低金利に騙されるな」と警鐘を鳴らしている。

デズモンド氏は、「主要国の中央銀行が無節操に紙幣を乱発したらどうなるか。市場が大きく歪む心配などないと言うのなら、日本とイタリアの国債価格をチェックして欲しい。この二ヵ国の公的債務残高はアメリカを上回っているが、いずれも今のところアメリカよりも大幅に低い金利で借金を重ねることができている」と前置きしたうえで、「日本とイタリアの国債が大幅に過大評価されている（金利がとても安い）現状は、この二ヵ国の経済の健全性ばかりでなく、世界の金融システムの健全性にとっても大きなリスクになっている」と指摘。そして、「国債の利回りが人為的に低く抑えられていれば、財政規律は緩み、財政運営は放漫になりがちだ。膨れ上がった借金はいつかは返さなければならないが、放漫財政はその時の苦痛をなおさらひどくする。（中略）財政破綻を避けるには早急に手を打つ必要があるのに、超低金利は麻薬のように現実を忘れさせる」と、債務残高が高止まりしているにも関わらず両国が低金利をよいことにバラ撒き財政を続けていることを批判。続けて、「現状ではこの二国は異常に低い金利で市場から資金を調達できているが、日本発、もしくはイタリア発の金融危機などあり得ないと思ったら、大間違いだ。ユーロ危機が勃発する直前の〇九年、ギリシャ政府はドイツとほぼ同じ低金利で市場から長期の借り入れができていた。それから三年足らずで、ギリシャは第二次大戦後最大級のデフォルト危機に見舞われることになった」と昨今の慢心を戒め、「日本とイタリアの公債の市場規模は、世界の債券市場でそれぞれ第二位、第三位の位置を占めている」ことから「二国のいずれかがデフォルト（債務不履行）に陥れば、世界の金融システムに激震が走るだろう」（以上すべて米ニューズウィーク誌二〇一六年九月一五日付）と結んだ。

日欧に限らず、今後は先進国においても紙幣が紙キレと化してしまう国家が続出するだろう。歴史上、商品を裏づけとしないすべての不換紙幣は、最終的に失敗に終わっているのだ。そう考えると、米ドルでさえもいつかはこの運命を辿る。しかし、そこで重要となるのが紙キレになる順番だ。日米欧といった主要通貨で考えると、前述したように日本円とユーロが先に減価する。その後に米ドルが続き、最終的に勝つのは金だ。

なぜ、日本円が真っ先に減価するのかと言うと、その大きな理由の一つは、日本がもっとも財政ファイナンスの領域に近づいているからである。言い換えると、日米欧で比較した場合、日本は金利の上昇に対してもっとも脆弱だということだ。このことは、現行の金融政策を終了させることが非常に困難だということを意味する。この点は、まさに米欧とは対照的だ。

二〇一七年二月二四日付のＳ＆Ｐのレポート「世界の公的債務二〇一七」によると、日本の公的債務は対ＧＤＰ比で二五四％と世界最大となっている。しかし、それでも日本の利払い負担は昨今の低金利を背景に世界でも圧倒的に少ないほうなのだ。二〇一六年五月二六日付の米ウォールストリート・ジャーナルは、ＪＰモルガンの試算として、日本の債務残高（家計、金融を除く企業、政府）が対ＧＤＰ比で四〇〇％にのぼるものの、金利コスト（利払い費）は対ＧＤＰ比で二％に過ぎず、世界各国の中でもとりわけ少ない水準だと指摘している。ちなみに世界平均の利払いコストは七％だ。

しかし、日本は債務の規模が大き過ぎるため、わずか数％の利上げでも相当の負担が襲いかかって来る。二〇一六年一〇月に財務省が実施した試算によると、日米独の各国で金利が上昇した場合に民間金融機関などが抱える含み損は日本が最大であった。財務省は各国が発行する国債の金利が一％上がった場合を想定したのだが、そうなると日本の銀行や生命保険各社といった債権者が抱える含み損は対GDP比で一三・五％に達するという。これに対して米国は四・二％、ドイツは二・五％だった。

数々の予想を的中させてきたことで知られる新債券王の異名を取るジェフリー・ガンドラック氏は、米ブルームバーグ（二〇一七年七月七日付）の質問に対し、米国の一〇年債利回りが二〇一七年内に三％に向かって進むだろうと返答している。また二〇二一年までに六％まで上昇すると予想しているが、日本の長期金利も連れ高の展開となり、仮に二～四％程度の利回りを付けたとしよう。こうなった場合、（話を単純化して）財務省が発行するすべての年限の国債の利回りが一律に二％ずつ上昇したとすると、金融機関が抱える含み損はGDP比で二七％にのぼる。二〇一六年の日本のGDPは五三七兆円なので一四五兆円だ。いくら含み損とはいえ、一四五兆円の損失を金融セクターが抱えた際の衝撃は、市場の度肝を抜くだろう。

「紙キレになりそうな通貨」ランキングのトップランナー

こうした事態を日本政府が甘受するとは考えにくい。これはまさに日本を震源とするジャパン・ショックの到来であり、下手をすると世界恐慌へとまっしぐらだ。だからこそ、日本政府は金利の上昇局面で財政ファイナンスの領域に踏み込む可能性が高い。すなわち、日本の金融政策に出口というものは、事実上は存在せず、債務問題は最終的にインフレ（通貨の信認低下）で帰結するということになる。

日本は対内債務国であるがゆえに、理論上は円を刷って日銀が国債を引き受ければデフォルトの心配はない。厳密には、日本の財政法第五条は公的債務の日銀引き受けを禁じているが、特別の事由がある場合には国会の議決を経た金額の範囲内なら例外だとしている。財政が非常事態となれば、財政法第五条の形骸化など必至だ。

早稲田大学のファイナンス総合研究所で顧問を務める野口悠紀雄氏は、すでに日本は財政ファイナンスの領域に踏み込んでいるとこう警告する――「日本は財政支出を中央銀行の紙幣増刷で賄う『ヘリコプターマネー』にすでに手を染めており、世界最悪の公的債務を高インフレで解決する可能性が高い」（米ブルームバーグ二〇一六年五月二七日付）。

野口氏は、政府と日銀が導入している「異次元緩和に基づく国債買い入れは残存期間が長い国債を銀行が右から左に売れるようになったので、事実上の日銀引き受け。財政法第五条の脱法行為だ」と批判する。そして、「ヘリコプターマネーは非生産的な用途に使われるようになる。歴史上、ずっと続けられた例はない。必ず最後はインフレになって破綻している。インフレで希薄化せずに債務問題を解決できた例は皆無ではないが非常に少ない」と指摘。（金融政策に）「出口がなければ、日本がそうなる可能性は非常に高い」と警告した。

この指摘は極めて重い。野口氏は政府・日銀の財政出動と金融緩和が今後も続いた場合、「円の価値は非常に危うい」と懸念したうえで「長期的な円安が傾向的に続く可能性は否定できない」とし、「日本経済の体力がどんどん弱っていけば、一ドル＝三〇〇、五〇〇、一〇〇〇円も十分に考えられる」（以上すべて米ブルームバーグ二〇一六年五月二七日付）と予想した。

野口氏の言葉を借りるまでもなく、日本円は間違いなく「紙キレになりそうな通貨ランキング」でトップをひた走っている。近年の円高を見ていると信じられないかもしれないが、中長期的に考えると相当に危うい。それゆえ、日本の一部の投資家は金への投資を選好している。

歴史を振り返ると、不換紙幣はほとんどのケースで財政ファイナンスの恒久化によって信任を喪失している。より具体的には、戦費を調達するための財政ファイナンスだ。現在の日本は戦時体制にはないが、その代わりに社会保障費が際限なく膨張し続けている。日本政府が抱える公的債務は先の戦時中を上回っており、前述したように対ＧＤＰ比で二五四％というのは世界で最悪の水準だ。日本は一九三〇年代に財政ファイナンスに手を染め、最終的にハイパーインフレに直面したが、現在も当時と似たような状況にある。

余談だが、第二次世界大戦の戦費調達によって政府債務が国内総生産（GDP）の二倍以上にまで膨れ上がったかつてのイギリス政府は、一九四五年からおよそ三〇年間も金融抑圧を実施して「インフレによる債務の帳消し」を成功させた。金融抑圧は消費税などとは違って国民のコンセンサスを必要としないため、「インフレ・タックス」（インフレ税）と言われる。インフレ・タックスは債務を抱える政府には有利に働く一方、国民にとっては苦痛でしかない。

イギリスでは三〇年間にわたって金融抑圧が実施された結果、経済は「英国病」と言われる長期停滞に陥った。『国家は破綻する』の著者であるカーメン・M・ラインハート米ハーバード大学教授の研究によると、一九四五年からの三五年間でイギリス政府が民間に課したインフレ・タックス（実質マイナス金利による税）の年間平均は対GDP比で三・八％という規模に達している。これを現在の日本に当てはめると、毎年七％から一〇％の消費税増税が実施されるようなものだ。想像を絶する重税と言ってよい。

インフレヘッジとしての金

結論からすると、インフレ率の差こそあろうが、日本は戦後にイギリスが辿った道と似たような道を辿るはずだ。そしてインフレという魔物は、とりわけ現役世代よりも現役を引退した年配者にとって酷なものとなる。物価が上昇したとしても現役世代は働くことができるが、年金生活者は年金が収入のすべてだからだ。この差は大きい。

実際、他国のインフレの例を見ても年配者の自殺が社会問題となるケースが多くある。公的年金は一応物価上昇に応じてスライドすることになっているが、現役世代の減少・高齢者の増加という現状を受けて導入されたマクロ経済スライドにより、物価スライドは以前より抑制されている。年金生活者は、ある程度インフレに対してリスク・ヘッジしておいた方が賢明だろう。

その最たる手段が外貨か金の購入だ。日銀の資金循環統計によると、日本人の金融資産に占める外貨預金の割合は〇・三％（二〇一六年三月末時点）と極端に少ない。これは自国通貨に対して相当に信頼を寄せている証左であり、一般論としては悪いこととは言えないが、危機管理の点からするとあまりに無防備過ぎる。最低でも、ポートフォリオの一割は外貨か金にすべきだ。そしてその場合、保管場所も大事となる。

「日本の行く末を憂慮し、国内で金地金を保有するのはリスクと考え、スイスに保管しておきたいという顧客は多い」（米ブルームバーグ二〇一六年七月八日付）――金地金のオンライン取引を手がける英ブリオンボールトの日本市場責任者、ホワイトハウス佐藤敦子氏はこう語る。佐藤氏は、米国では大恐慌の際に金の保有が禁止されたことから「米国の顧客のほとんどが自国内に金を保管しない」としたうえで、「こうした動きが日本でも起きている」と指摘。「異例のマイナス金利導入や財政の先行き不安などから、資産の一部を金として海外で保管したいとの関心が高まっている」（同前）という。ブリオンボールトでは、二〇一六年前半の日本からの資金入金件数は二〇一五年後半と比べ六割も増加したそうだ。このトレンドは、二〇一七年に入っても続いている。

記事が指摘したように、一九三三年の大統領令六一〇二（時のフランクリン・D・ルーズベルト大統領が発した事実上の金没収に関する大統領令。「フランクリン・D・ルーズベルトは、米国大統領として、国家非常事態が継続していることを宣言し、金貨、金地金、金証書を、個人、共同、協会、企業によって米国内で保有することを禁止する」との通達を出し、金を隠し持った者には「一万ドルの罰金」もしくは「一〇年の禁固刑」、あるいはその両方が科された）という米国の教訓もあり、金を購入しただけでは究極のリスク・ヘッジとは言えない。

実際、欧州では金を購入するだけでなく、金の保管場所にも注目が集まっている。「ロンドン西部では貸金庫、フランクフルトでは警備の厳重な金と銀の貯蔵施設が建設されるなど、貴重品の保管を手掛ける企業が需要に対応するため能力を拡充している」——二〇一七年六月七日付の米ブルームバーグは、このように報じた。記事では、欧州で一億ユーロ（約一二四億円）を超える価値の金を保管可能な施設の開設を計画している企業もあると解説している。また、金のディーラーであるシャープス・ピクスリーのロス・ノーマン最高経営者（CEO）の、「当社の顧客の多くにとってインフレは主要な懸念材料だ。安全資産については、何を購入するかだけでなく、どこに保管するかが重要だ」という声を紹介した。

ドイツ国民を筆頭に、欧州では伝統的に財政インフレに対する警戒心が根強い。今はデフレこそが主な懸念材料だが、そう遠くない昔に戦費の調達でインフレに苦しんだ欧州の人々は、政府の政策によってはいとも簡単にインフレが襲来することを理解している。円の信用が恒久的なものだと疑いもしない日本国民とは、まさに対照的だ。

もちろん、日本にも少数派はいる。というのも、ここ日本では二〇一七年二月末までの三年間でタンス預金が三割強も増えたのだ。この試算を公表した第一生命の経済研究所の主席エコノミスト、熊野英生氏はその理由の一つとして

「将来の増税や思わぬ監視強化など、警戒心の根っこにあるのは日本の財政への不安だ」（二〇一七年四月三日付日本経済新聞）と解説する。また、記事は金庫メーカーの日本アイ・エス・ケイの言葉として「一億～二億円の金額が入る金庫の大きさはどれくらい？」という問い合わせが増えていると報じた。

タンス預金はおおいに結構だが、私に言わせるとリスク・ヘッジの手段としては生ぬるい。やはり、金または外貨建て資産を海外で保有するのが王道だ。各国の財政の歴史に精通する米ヘッジファンド、ヘイマン・キャピタル・マネジメントのカイル・バスは、私がテキサスで取材した際、こう耳打ちした——「浅井さん、政府を信用しない方が良い。危機は突然やって来る」と。

私たちは生きているうちに死ぬ目に遭う

「次の金融危機など絶対に起こらないというのは言い過ぎになるだろうが、以前よりもかなり安全になったと思うし、われわれが生きているうちには起きてほしくないし、起きないものと信じている」（バロンズ二〇一七年七月三日付）。――二〇一七年六月二七日、米ＦＲＢのジャネット・イエレン議長はロンドンで開かれた討論会でこのように述べた。

結論からすると、イエレン氏の発言はまったくの希望観測に過ぎないと言える。イエレン氏は今年（二〇一七年）の八月で七一歳を迎えるのだが、二〇一五年時点の米国の平均寿命（女性）は八一・六歳であり、仮にそれをそのまま当てはめると同氏の寿命はあと一〇年も先だ。世界各国の債務を省みると、その間に金融危機が起きないなどというのはあまりに楽観が過ぎる。

過去を振り返ると、いつの時代においても当局者は楽観論を抱いてきた。たとえば、サブプライム・バブルが崩壊しかけていた二〇〇七年半ば時点においても当時のＦＲＢ議長バーナンキ氏は事態を楽観視、「（サブプライム関連の）損失は限定的であり、他の市場に波及することはない」と断言していたのである。また、リーマン・ショック直前にも「国際的に活動する大手銀行では重大な破綻はない」と宣言し、市場に誤った安心感を抱かせた。結果はご存知の通りである。当局者の発言にはかなりのバイアスがかかっていると見た方が良い。

先のイエレン氏の発言に真っ向から反論した人物がいる。著名投資家のマーク・ファーバー氏だ。ファーバー氏は二〇一七年七月三日に米CNBCに出演した際、次のように発言している――「私は七一歳で、明日事故にでも遭わない限りは私は巨大な金融危機を目の当たりにすることになる」。同氏の理屈は簡単だ――「世界で巨大な信用バブルが拡大している。（さらに）拡大できるか？Yesだ。しかし、永遠には続かない。いつか限界が来て、次の大きな危機が来る。今日の債務レベルは（リーマン危機前の）二〇〇七年より高くなっている」（フィナンシャル・ポインター二〇一七年七月五日付）。

ファーバー氏は金への投資が中長期的に有望だとしており、全ポートフォリオの二五％を金建てで持つというのが同氏の原則だ。私たちも、同氏の危機意識を少しは見習った方が良い。ファーバー氏が指摘したように、たとえ現在七〇歳の人でも生きているうちに相当な経済危機に直面するだろう。今から数年前、ホリエモンこと堀江貴文氏が東洋経済の対談企画において「団塊の世代は自分が死ぬまで国債バブルはもつと思っているんだろうけど、みんな長生きするからそれは錯覚だ」と指摘していた。すなわち、団塊の世代も国債バブル崩壊の憂き目に遭うというのである。まったくの同感だ。

二〇二五年になると、一九四七～一九四九年に生まれたいわゆる団塊の世代が七五歳以上の後期高齢者の仲間入りとなる。その時、全人口に占める後期高齢者の割合は一八％にまでなるのだ。団塊の世代は約八〇〇万人もいる。財政の問題が二〇二五年に向かって、急速にクローズアップされるのは必至だ。

現在、全国の病床数は一三四万床だが、これが二〇二五年になると一日に必要な床数が一三八万にのぼる。特別養護老人ホームの入居待機者は五二万人にまで膨れる見通しであり、さらには介護職員も三八万人足りなくなる見込みだ。認知症患者も、二〇一〇年の二八〇万人から四七〇万人まで増える。予備軍も合わせると一〇〇〇万人を超えるとの試算もあるからただごとではない。二〇一六年に約四〇兆円だった国民医療費は五二兆円まで膨らみ、介護費も現行の一〇兆円から二一兆円へと劇的に増加する。これでも足りないかもしれない。

S&P500指数の実現ボラティリティーの推移

（月次ベース）

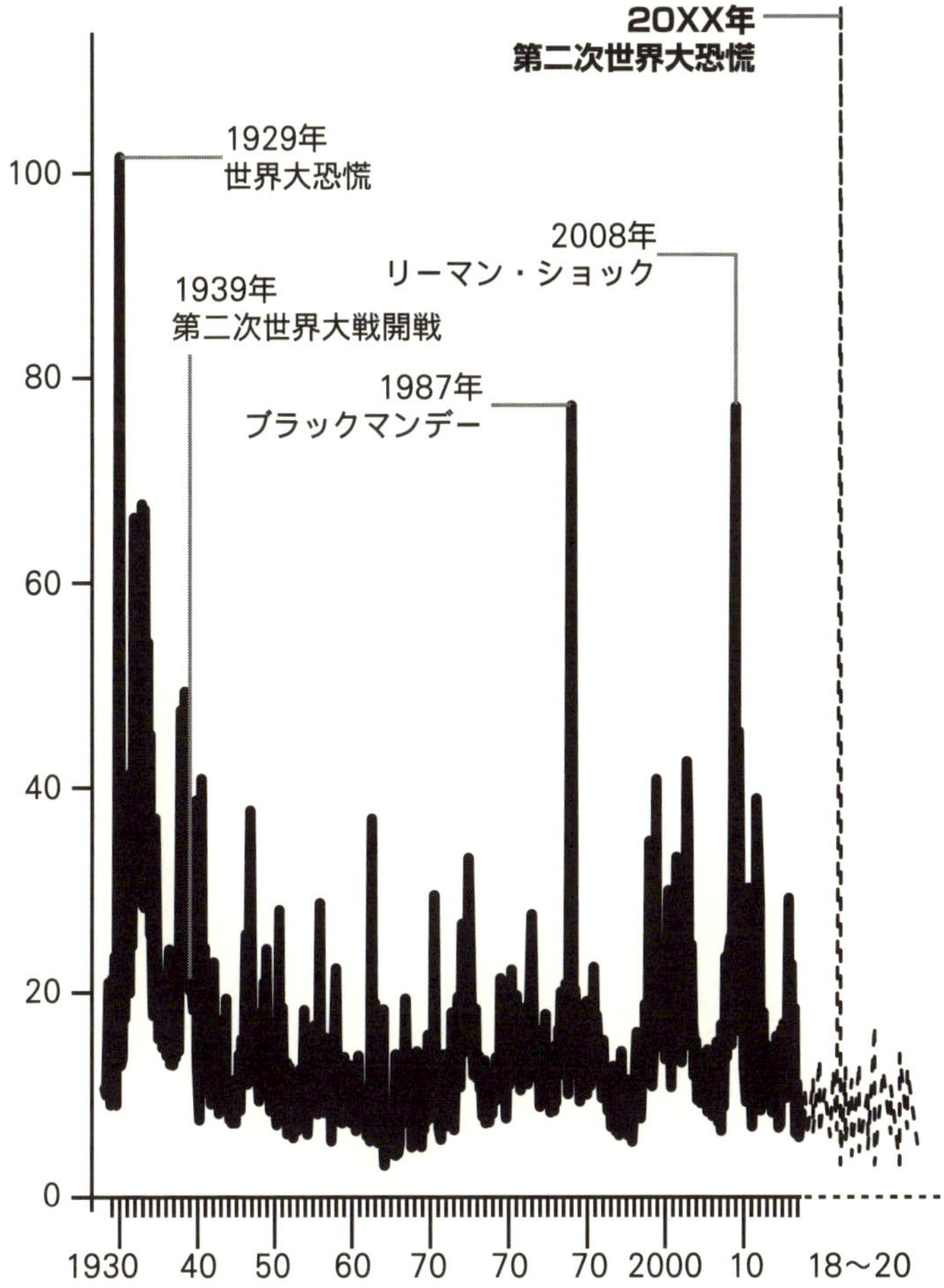

二〇一三年度に日本の家計貯蓄率（所得に占める貯蓄の割合）は初めてマイナスを記録し、その後はかろうじてプラスで推移しているものの、今後も年金生活者による貯蓄の切り崩しは続くだろう。エネルギー価格の上昇などが起これば、日本でも双子の赤字（経常赤字＋財政赤字）が定着してしまうかもしれない。こうなると、日本の財政はより脆弱な状態となる。

二〇二五年までに様々なシナリオが想定されるが、最悪のケースを想定しておいた方が良い。率直に言って、財政危機は起こり得る。今から四年前の二〇一三年七月一六日、米ウォールストリート・ジャーナルは「公的債務の対GDP比に関する長期予測がない日本政府」と題した記事で、日本政府の財政に対する姿勢を痛烈に批判した。極めて重要な指摘であるため、一部を抜粋したい。

少し信じ難いが、日本には長期の予算予測の責任を担う独立した組織がない。日本が赤字を正常化するのにこれほど苦労している理由もここにあるのかもしれない。財政問題が将来どれほど大きくなり得る

のかをほとんどの人が単純に知らない。

これとは対照的に、欧州委員会の「財政の持続可能性に関する報告書」は欧州連合（ＥＵ）加盟各国の公的債務の対ＧＤＰ比を少なくとも二〇三〇年まで、公共福祉費の主な構成要素については二〇六〇年まで予測している。米国では、議会予算局（ＣＢＯ）が成立した予算案の財政的影響を七五年先まで推測することを任されている。そして英国では、一九九八年財政法が事前予算案で三〇年間の「説明に役立つ長期予測」を示すことと、政府が五〇年間を対象とする長期財務推計を毎年発表することを義務付けている。

欧米の予測の仕方に関しては議論があるかもしれないが、こうした独立組織による長期的な分析は長期的な見通しに的を絞っており、どのような要因がこうした結果に影響を及ぼすかという議論の出発点を提供してくれる。少なくとも論じるべき長期予測の第一弾が出て来るまで、日本は議論すら行えない。

日本には一〇年以上先までの分析を行っている組織などないのだろうか。いくつかの民間部門の調査機関や数人の学者たちがこれを行ってきた。その結果はかなり厳しい。

二〇一三年四月の三菱総合研究所（ＭＲＩ）の報告書によると、公的債務の対ＧＤＰ比は二〇一五年の一九三％から二〇三〇年には二七〇％に、約四〇％増加するという。ＭＲＩが使っている物差しは少し異なるが、向こう一七年間にＧＤＰが一〇〇兆円増えるという「成長シナリオ」でも、その数値は二〇三〇年までに二三三％に拡大してしまう。

さらに言えば、これはすべて一〇年物日本国債の金利が二〇二五年まで低く推移し、二〇二五年から二〇三〇年までの期間だけに二％を超えるということが前提となっている。金利がもっと速く上昇すれば、すべてに番狂わせが生じる。たとえば、ＭＲＩは二〇二五年から二〇三〇年までの期間に金利が三・四％に上昇すると、公的債務の対ＧＤ

Ｐ比が三〇〇％を上回り、五・四％に上昇すると約三五〇％になると予測している。

残念ながら、これはまったく考えられないことではない。今後一五年間、そしてその後も、日本の高齢化が進む家計部門は預金を激減させ続けるので、日本は国債の買い手に関して、これまで以上に外国人投資家に依存するようになり、その大半が国内で所有されていたときよりもボラティリティが増し、金利も高くなる時代の扉が開かれることになる。

法政大学の小黒一正准教授と独協大学の高畑純一郎専任講師も独立した分析を行った。両氏は出生率、財政改革といったさまざまな要因が未来の公的債務の対ＧＤＰ比に及ぼす影響を示す九つの模擬演習を実施した。その結論はＭＲＩの報告書よりも包括的で、説得力でも勝っているが、より厄介なことにもなっている。両氏の分析では二〇五〇年の公的債務の対ＧＤＰ比が低いもので三〇四％、高いもので九九五％となり、九つ中七つのシナリオで七七一％を超えてしまった。

もちろん、これは模擬演習に過ぎない。日本の公的債務の対ＧＤＰ比が実際に三〇〇％を超えたら、財政・金融危機のリスクが大いにあるということは研究者たちやＭＲＩの調査委員たちも認めている。国債の金利が上昇すると、劇的な予算削減か、深刻な不況か、財政インフレか、この三つの組み合わせを招き、過剰な国債のマネタイズ（貨幣化）からデフォルトに陥りかねない。

高い公的債務の対ＧＤＰ比に対処する上で、日本政府にはできることがまだたくさんある。（中略）大胆な政策を実行するには、将来に起きるかもしれないことをより明確に理解しておく必要がある。その手始めとして、日本政府は長期的な財政・経済予測の形式化に向けて取り組むのが得策であろう。

（米ウォールストリート・ジャーナル二〇一三年七月一六日付より）

なぜ、日本政府は積極的に外部の独立した組織に長期の試算をさせないのか？　これはもはや財政が持続不可能だと言っているに等しい。国家の基本は財政であり、その財政の試算を放棄するということは、国家の運営を放棄しているのと同義である。

繰り返し強調しておくが、あなたが団塊の世代だとしても、自分だけは逃れられるだろうなどとは決して思わない方が良い。交通事故などで死なない限り、私たちは一〇年以内に、とても悲惨な危機に直面するだろう。悪いことは言わない。可能な限りのリスク・ヘッジを実行すべきだ。その最たる行為は、金の購入であろう。

第六章　金を使ってあなたの財産を守り切れ!!

世界情勢から金を見ると

来たるべき激動の時代に、金価格はどう動いていくのだろうか。本稿執筆時点（二〇一七年五月）では米ドル建てで一トロイオンス＝約一二五〇ドル（一トロイオンスは三一・一〇三四七六八g）、日本円建てで一g＝約四五〇〇円である。ここ数十年の金価格の推移を見ると、現在のこの水準は高いとも安いとも言えるだろう。果たしてここからさらに上昇していくのか、はたまた目先ではかつての水準に下落していくのか。おおいに気になるところである。

これからの金価格を占うにあたって、今一度、金価格の歴史を大まかに振り返って行く。第四章でも見てきたが、第二次世界大戦以降から二〇〇〇年代に入るまで、金価格は長らく低位安定の時代が続いた。例外的に一九七〇年代末から八〇年代初頭にかけて高騰しているが、この時期は第二次オイルショック（一九七八年）、イラン・イラク戦争（一九八〇年）と立て続けに世界を震撼させる事件が勃発し、世界中の投資家筋がリスク回避のために金を買ったことで起きたものだ。しかし、その後国際価格は再び落ち着きを取り戻し、二〇〇〇年代初頭までおおむね二〇〇～三〇〇ドル台と低位安定で推移している。

国内価格もおおむね同様だが、八〇年代初頭はニクソンショックによって円が変動相場に移行してまだ日が浅く、さらには一九七八年のカーターショックにより一ドル＝一八〇円台から二五〇円台という急激な円安が進行したこともあいまって、六九四五円という史上最高値を記録した（ちなみに、この最高値は現在に至るまで超えられていない）。その後は、国際価格の下落基調に加えて一貫した円高進行が国内金価格（円ベース）を一気に押し下げた。一九九〇年のバブル崩壊で日本経済は急激な危機回避モードに入ったが、それにもかかわらず二〇〇〇年代に入るまで価格は下がり続けた。

こうした金価格の低位安定の背景には、イラン・イラク戦争以降の世界情勢がおおむね安定的に推移したことが大きく関係している。特に、一九八九年のベルリンの壁崩壊や一九九一年のソ連崩壊によって冷戦構造が解消し、投資家心理が大きく改善したことが金離れを加速させた。「有事の金」という言葉があるが、まさにその言葉通りの現象が起きたのである。オイルショックやイラン・イラク戦争が勃発した一九八〇年には金がおおいに買われ、逆にその後世界が安定期を迎えたことでおおいに売られ続けたのだ。

そして、この流れは投資家筋だけにとどまらなかった。一九九〇年代後半になると、準備通貨として大量の金を保有していた各国の中央銀行でさえもが金売りを行なうようになった。

しかし、二〇〇〇年代に入ると様相はガラリと変わる。二〇〇一年九月の米同時多発テロによって世界は新たな緊張を孕み、金価格は上昇基調に転じたのだ。さらにリーマン・ショックという巨大経済危機とこれに対する空前の金融緩和によって、米ドルをはじめ主要通貨の金利は低下、相対的に金の魅力は増し、緩和マネーの一部が金市場にも大量に流入したのだ。リーマン・ショックから三年後の二〇一一年九月には、国際価格は一九二三・七ドルという過去最高値を付け、二〇〇一年からわずか一〇年の間に六倍も上昇したのだ。

金の国際価格

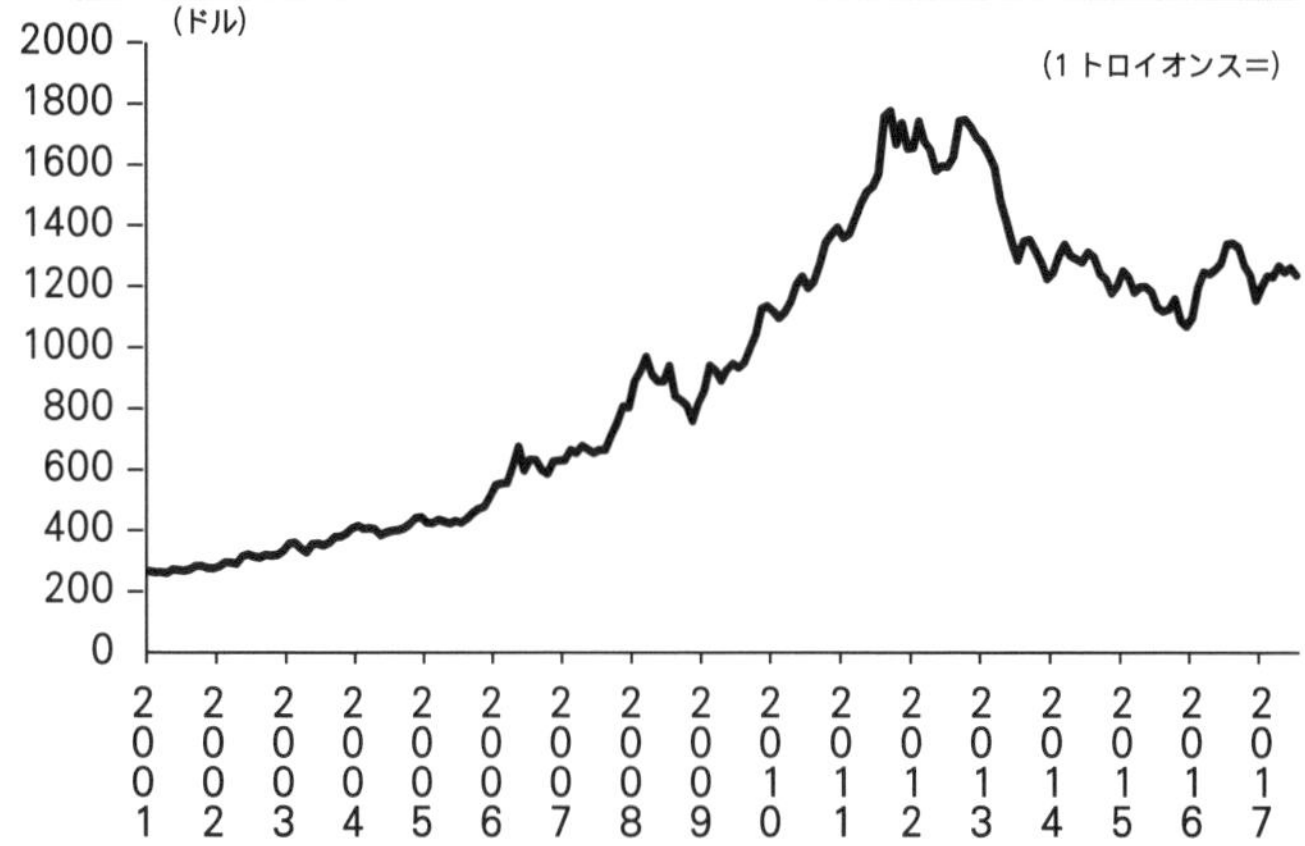
(ドル)
(1トロイオンス=)
2000
1800
1600
1400
1200
1000
800
600
400
200
0
2001
2002
2003
2004
2005
2006
2007
2008
2009
2010
2011
2012
2013
2014
2015
2016
2017

金の国内価格

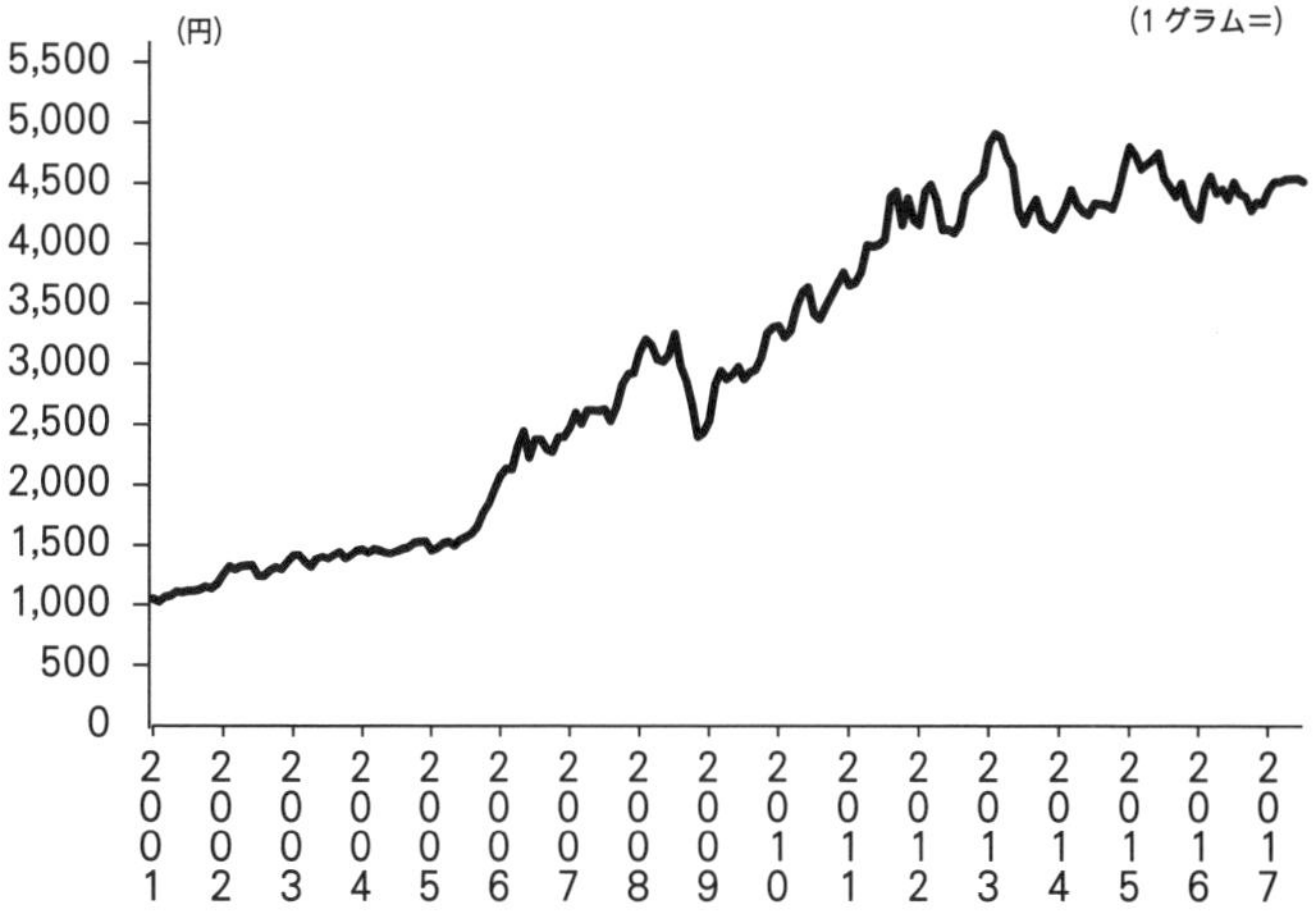
(円)
(1グラム=)
5,500
5,000
4,500
4,000
3,500
3,000
2,500
2,000
1,500
1,000
500
0
2001
2002
2003
2004
2005
2006
2007
2008
2009
2010
2011
2012
2013
2014
2015
2016
2017

ただ、この急激な上昇は長続きしなかった。二〇一三年五月、米国で金融緩和の縮小が示唆されると、金価格は急速に下落、現在の一一〇〇～一三〇〇ドル台という水準に落ち着くこととなる。一方、国内価格はこの間にアベノミクスが始まり、異次元の金融緩和実施と急速な円安が進行したため、国際価格と比べるとほとんど下落を見せず、四〇〇〇円台前半～半ばで推移している。

金は長期上昇トレンドに入る

二〇一五年以降の金価格は、国際価格、国内価格いずれを見ても膠着状態という様相だ。では、果たして将来はどのように動いていくのだろうか。結論から言ってしまおう。向こう一〇年を目安として、中長期的に金価格は今よりも明らかに上昇する。資産の性質という観点では、金はなるべく長く保有した方が良い資産であり、また現在の局面が将来に対して割安とみられることを考えると今は金の買い場であり、そしてなるべく長く保有するのが良い方法と言えるだろう。

では、なぜ中長期で上昇していくと言えるのか。これからの金価格を左右する重要な要因について、いくつか見て行こう。

■供給量の先細り

どのような資源にも利用できる限界が存在するが、金は、様々な鉱物資源の中でも直に採掘ができなくなると言われているものの一つだ。

すでに人類が掘り出した金の総量は一六万五〇〇〇t程度、一方今後掘り出せる量（埋蔵量）は五～六万tと言われている（アメリカ地質調査所による二〇一三年推計）。この数年間の年間産出量は二五〇〇～三〇〇〇t程度であるから、単純計算ではあと二〇年弱でほとんど掘り尽くしてしまう計算だ。

ただし、ここで言う「掘り尽くす」とは本当に人類が地球上の金を掘り尽くす、という意味ではない。すこし細かい話になるが、石油や金などで使う「埋蔵量」とは回収可能性が九〇%以上のもの（確認埋蔵量という）を指す。つまり、業者が採掘して採算が取れる量を「埋蔵量」と呼ぶのだ。回収可能性がこれを下回る場合、「推定埋蔵量」（回収可能性五〇％以上）や「予想埋蔵量」（回収可能性一〇％以上）と呼ばれ、採算が取りにくいものとみなされるため、埋蔵量の内数には入らないのだ。しかし、新たな採掘場所の発見や技術革新による採掘コストの減少、取引価格の上昇などで高いコストで採掘しても採算が合うようになると、「確認埋蔵量」は増えていくのだ。

多くの方の記憶にもあると思うが、原油は一九七三年の第一次石油ショック当時には「あと三〇年で枯渇する」と言われていた。しかし、その後新たな油田の発見や採掘技術の向上、近年ではシェール革命によってより革新的な石油の採掘が実現し、二〇一三年時点では約五三年掘り続けられるとされている。石油については、まさにそのような現象が起きているのである。海底油田やシェールオイルなどは、かつては埋蔵が認められても可採埋蔵量の内数には入らなかったが、現代では技術革新や石油値上がりによって埋蔵量の内数入りを果たしたのだ。

では、金も同じように埋蔵量が増えていくのだろうか。金は世界中の様々なところに分布していると言われているが、人が分け入って従来通りに採掘できる場所には、採算性のある金鉱脈はほぼないというのが現在の見立てだ。地中深くから、あるいは海水からも金を取ることはできるが、その含有量は産出コストに比べてあまりにも少なく、現実的ではない。金価格が数万ドル程度にでもなれば話は変わるかもしれないが、少なくとも現在ではまったくアテにならないということだ。

また、供給サイドのコスト増も供給先細りの要因だ。直近では、南アフリカでの生産コスト上昇や中国でのコスト割れによる小規模鉱山閉鎖などが影響しているという。また、世界の貴金属市場の調査分析を専門とするＧＦＭＳ社の調査によると、二〇一五年の金生産にかかるオール・イン・コスト（掘削、精錬から税金、設備の減価償却費や債務償還費、間接経費や人件費までのあらゆる経費を足したもの）は一トロイオンス＝約一三〇〇ドルであったという。当時の金価格が一一〇〇～一二〇〇ドルであることを踏まえれば、完全に採算割れしている状態だ。しかもここ数年はこうした状況が続き、減産基調は当面覆らない公算が高いという。

ただし、金には石油とは異なる別の供給源が存在する。すでに利用したものから電子機器などから金を採取する「二次的供給源」である。化学的な反応性が低く安定的な性質を持つ、金ゆえに可能なことだ。たとえば、一ｔの金鉱石からは五ｇの金が取れるが、一ｔの携帯電話からはなんと一五〇ｇもの金が取れる。もちろん、採取するには特殊な技術や資源回収ルートの確立などの課題もあるが、海水から採るよりもはるかに採算性は高いだろう。金価格が高騰すれば、こうした「リサイクル金」もより一般的になるかもしれない。

いずれにしても現在の状況を一言でいうと、「金価格が安過ぎて需要を満たすだけの量を採掘できない」という話なのだ。需給のひっ迫によって価格が大幅に上昇すれば、現在は非採算ラインの鉱脈の再開発や金リサイクルが活性化する公算は高い。

■米国金融緩和の終了

ＦＲＢは、このところの安定的な景気をなんとか活かして、なるべく早期に利上げを実施し、緩和マネーを早く回収したい考えだ。次の大きな景気後退局面、あるいはリーマン・ショックのような恐慌相場に備えるため、再緩和の余地をなるべく早く作っておきたいというのがその本心である。そのＦＲＢのもくろみ通り緩和縮小が実施されれば、金利が上昇し、必然的に米ドル高となるが、これは金価格にとっては一般的に下落圧力となる。

欧州においても、同様に緩和縮小の模索が始まっている。二〇一七年三月のＥＣＢ定例理事会では、現状の金融緩和政策の継続が決定されたものの、「成長とインフレを促進するため利用可能なあらゆる措置を利用する」という文言が「緊急性がもはや存在しない」という理由で削除された。市場関係者はこれに反応し、「出口戦略の検討段階に入ったのでは」とざわつき始めた。同年二月のユーロ圏インフレ率が一・八％とＥＣＢの目標である二％に近づいていることもその観測を後押しし、指標となる独国債の利回りがにわかに上昇している。

このように、先進国圏の経済が回復基調に乗ることになれば、金の国際価格は下落することになるだろう。ただ、先進国による金融引き締めは、私は次の経済的波乱への引き金になると踏んでいる。世界の総債務（金融部門を除く）は、現在約二京三八七〇兆円ともはや天文学的な領域に差し掛かっている。日本やギリシャのように政府部門がすさまじい債務を負っている国もあれば、家計債務や企業債務が危険なまでに積み上がっている新興国もある。

ここに金融引き締めによる利上げがのしかかると、何が起きるか。世界中の「不良債務者予備軍」が一気に不良債務者に転落、デフォルトの嵐が巻き起こるだろう。家計部門では自己破産、企業部門では倒産が相次ぎ、深刻な不況や場合によっては恐慌に陥る可能性すら考えられる。

■新興国を中心とした需要

二〇〇〇年代初頭、「ＢＲＩＣｓ」という言葉が流行した。ブラジル、ロシア、インド、中国といった大人口を抱える新興国が急激な経済成長を成し遂げるとされ、これらの国に注目すべきというキーワードで、それから二〇年近くを経た現在、中国とインドはまさに巨大な新興国となり、今なお先進国と比べ高い成長率を維持している。

著しい経済成長によって、両国では新興富裕層や中産階級も爆発的に増えた。そしてこうした人々が、今、続々と金を買い求めているのだ。特にインド人や、第二章でも触れた通り中国人は、財力の象徴として金を持ち、身に着けることがステータスであるという考え方が非常に根強く、私たち日本人が想像しているよりもはるかに金に対する執着がある。また、いずれの国民も度重なる動乱の歴史を経て、国家が末期的状況になれば平気で国民を裏切るという普遍則を骨身にしみて理解している。つまり、基本的に国家を信用していない人が圧倒的に多いのだ。したがって、自分の財産を守るためにも現物資産、それも金を持ちたいという欲求が非常に強い。

旺盛な金需要はこの両国だけではない。世界の一〇大需要国を見ると、タイ、トルコ、インドネシア、ベトナムといった新興国が入っており、またサウジアラビアやUAEといった中東の国もランク入りしている。こうした国々もまた、金の需要が極めて旺盛で、経済成長によってお金を持った人々が金の保有にまい進しているのだ。

■激動の時代に輝く金

さらに、第五章までで見てきた通り、二一世紀は戦争と天災による激動の時代になる可能性が高い。北朝鮮をはじめとした極東情勢は抜き差しならない状態であり、また中東情勢もいよいよ緊迫しつつある。爆発的に膨張した世界の総債務二京三八七〇兆円はいつ爆発してもおかしくない状況である。極め付きは、もはや天文学的を通り越して冗談としか言いようのない日本の政府債務である。これらが次の金融危機、そして戦争を含む過酷な時代に世界を導いていくことは必至だ。こうなると、財産防衛法としての金は圧倒的にその輝きを放つことになる。しかも、先物やETFなどではなく、現物こそがもっとも珍重されるようになるだろう。

インドでは、結婚式などで派手な金装飾で着飾るのが習わしだ
（写真提供：Franck Camhi）

一九七一年のニクソンショックで世界は金本位の通貨体制を捨て、早四〇年以上が経ったが、金への信用は失われるどころかオイルショックや9・11、金融危機など有事の都度人々は金を頼りにしてきた。特に金融危機以降は空前の金融緩和によって通貨発行量は爆発的に増大したが、これは明らかに通貨の希薄化を意味している。歴史を紐解けば、通貨は常に価値が希薄化し続け（インフレ化）てきた。

おそらく今回も、急速な通貨価値の希薄化によって金価格が急激に上昇する局面が訪れるだろう。そうなる前に、金を保有しておくことが得策なのだ。

テクニカル分析でも金は上昇

さて、こうした金を取り巻く環境要因とは別に、金市場の価格変動のみから導かれる見通しについても触れておこう。私が常に一目を置き、折に触れて情報交換しているテクニカル分析の専門家 川上 明氏に、金の今後のゆくえを占ってもらった。川上氏の分析手法は「カギ足」と呼ばれるもので、相場の動きのみをある法則に従って追いかけ、カギ足チャートにして行くものだ。この分析手法は基本的には将来を予測するものではないが、過去のチャートの形状から今後の相場の流れもある程度見えて来るのである。

さて、川上氏の見立てを披露しよう。まず、目先の金相場だが、上昇の可能性が高いが、現在陥っている膠着状態がもうしばらく進む可能性もあるとのことだ。下落リスクについては、一トロイオンス＝一〇〇〇ドルを割り込む可能性は一〇％未満とのことだから、その可能性を織り込む必要性はあまりないだろう。ただし、もし一〇〇〇ドルを割り込む状況となれば再び上昇トレンドに転じるにはかなり時間がかかることになる。

中長期（三〜一〇年程度）で見た場合、やはり上昇トレンドになるとのこと。直近では、二〇一二年から下降トレンドが始まり、二〇一六年前半にそのトレンドが終了、上昇トレンドに転換している。金の相場の流れから、当面は上昇トレンドの可能性が高いということだ。この中長期トレンドでは、歴史的高値の一八〇〇ドルを抜け、二〇〇〇ドル超えする可能性も充分あるとのことだ。

川上氏は、円建ての相場については特に分析をしていないが、円建て金価格は国際価格と円の為替との組み合わせに影響されることを考慮すると、同様の動きが想定される。目先では為替との絡みで膠着する可能性があるが、ドル／円は現在長期の円安トレンドに入っているため、国際金価格の長期上昇とあいまって価格は上昇することになろう。その時は、歴史的高値である六九四五円を抜けて来ることとなるだろう。

このように、金を取り巻く様々な状況を見てきたが、財産防衛だけでなく、運用の観点から見ても今まさに金は買い場である。コトが始まる前に、なるべく早いタイミングで金をあなたの資産に組み入れるべきだ。

金保有による財産防衛法

さて、ここからはより具体的に金を使って財産保全する方法を紹介しよう。

一口に「金を保有する」と言っても、実に様々な方法が存在する。それぞれにメリット、デメリットがあり、注意すべき点も異なるため、保有する際にはしっかりと確認しておきたい。

■金現物（金地金、コイン）

もっともわかりやすい方法が「金現物」だ。現物も「金地金」と「金貨」（コイン）に大別される。

金地金には五g、一〇g、二〇g、五〇g、一〇〇g、二〇〇g、三〇〇g、五〇〇g、一kgなどの種類がある。ただし、五〇〇g未満の金地金は一般的に取引される規格ではないとされ、「バーチャージ」と言われる手数料が購入時、売却時の両方にかかる。往復で一本あたり一、二万円ほどもかかるため、あまりお勧めできる方法ではない。また、地金価格は「小売価格」と「買い取り価格」があり、その差額（スプレッド）が業者の手数料となる。

金地金には、品質保証のための刻印が打ってある。一八九ページの写真にあるように、地金を製錬した会社の商標、品位（純度）、重さの他に、金塊番号が振ってある。

地金の主要ブランドは「田中貴金属」「徳力本店」「石福金属工業」「三菱マテリアル」など国内で一〇数社にのぼる。また、日本で取り扱われる海外ブランドも二〇社前後ある。たとえば、スイスの「UBS AG」やイギリス、カナダ、香港に展開している「JOHNSON MATTHEY」などの主要ブランドであれば、日本国外で売却する際なども信用度が高く安心だ（もちろん、田中貴金属や徳力本店などの国内ブランドも信用度は高く安心できる）。

金地金の取り扱いを行なう店舗は、主要都市の宝飾品店や時計店、メガネ店など全国に存在する他、田中貴金属や徳力本店、三菱マテリアルのように大都市に直営店を持つ地金商もある。直営店の場合、専門スタッフが様々な質問や相談を受けてくれるため安心感は高い。また、最近ではインターネットを使った通販を行なう店も出てきており、実に多様な買い方ができる。

購入にあたっては、もちろん信頼できる店から買うことが大原則だが、確か

金地金の刻印

地金を
製錬した
会社の商標
純金の
品位（純度）
重さ
金塊番号
GOLD
TANAKA TOKYO
MELTERS
Tanaka
Kikinzoku
20g
9999
999.9
300g

なブランドのものであるかを確認することが極めて重要だ。したがって、刻印が主要ブランドでないものや、必要な情報が刻印されていないものは偽物である可能性もあるため、まず買わない方が良い。

金貨（コイン）には、一オンス、二分の一オンス、四分の一オンス、一〇分の一オンスという種類がある。地金のようなバーチャージがかからず、より少額での購入に適している形態だ。なお一トロイオンスは約三一・一〇三五gであるから、一オンス金貨でも一五万円前後で購入可能だ（二〇一七年六月現在）。

有名どころのブランドとしては、「メイプルリーフ金貨」（カナダ）、「カンガルー金貨」（オーストラリア）、「ウィーン金貨」（オーストリア）などがあるが、それ以外にも世界各国で独自の金貨が作られ、流通している。もちろん日本でも「天皇陛下御即位記念」「万博記念」「東日本大震災復興事業記念」などの記念金貨が作られ、販売されている。

金貨は少額から買える一方、デメリットもある。まず一つに、売買価格差（スプレッド）が大きいことだ。金地金の場合、価格差は一gあたり数十円から

主要ブランド刻印

■主な国内ブランド

日鉱金属 日立製作所	日鉱金属 佐賀関製錬所	日鉱製錬	三菱マテリアル	住友金属鉱業
住友金属鉱山	DOWA メタルマイン	古河メタル リソース	中外鉱業	田中貴金属工業
徳力本店	石福金属興業	松田産業	アサヒプリテック	パンパシフィック・ カッパー

■主な海外ブランド

Argor-Heraeus S.A. スイス	Argor S.A. スイス	Swiss Bank スイス	Union Bank of Swizerland スイス	Valcambi S.A. スイス
Valcambi S.A. スイス	Golden West Refining オーストラリア	LG Metals 韓国	Credit Suisse スイス	Degussa AG ドイツ
Comptoir Lyon Alemand Louyot フランス	Engelhard イギリス	Engelhard－CLAL イギリス	Engelhard－CLAL フランス	Johnson Matthey イギリス
Johnson Matthey オーストラリア	Johnson Matthey カナダ	Johnson Matthey アメリカ	Johnson Matthey ホンコン	METALOR スイス
Metalor U.S.A. アメリカ	Metalor U.S.A. アメリカ	PAMP スイス	Perth Mint オーストラリア	Perth Mint オーストラリア
Royal Canadian Mint カナダ	Rand Refinery 南アフリカ	Navoi Mining and Metallurgical complex ウズベキスタン	UBS AG スイス	UBS AG スイス
LG-NIKKO 韓国	LS-NIKKO 韓国	SGR オーストラリア	Asahi Refining USA アメリカ	Asahi Refining Canada カナダ

一〇〇円前後が一般的だ。一方金貨の場合、一〇分の一オンスで二〇〇〇〇円前後（つまり一ｇあたり七〇〇〇円前後）と地金の数倍の価格差がある。また、金貨は精巧なデザインが施されており、加工費（プレミアム）が上乗せされているため割高になっている。もちろん、売却時にもプレミアムが乗るのだが、傷を付けてしまうとプレミアムがなくなり、かなり割安な価格となってしまう。このため、保有には細心の注意を払う必要がある。

この他、金貨はコレクションの対象としても流通するため、希少な金貨には人気に応じたプレミア価格（加工費とは別）が上乗せされることもある。いわゆるアンティークコインなどがそれだが、日本の記念金貨なども発売時の額面より高値で取引されるものが多い。こうしたものを狙って行くのも資産運用としては面白いが、財産防衛の観点ではハッキリ言えば必要ではない。それよりも、安定的にある程度の数が流通しているものの方が安心である。

少額から買える金貨は入手しやすい

■純金積立

ＴＶＣＭが大々的に行なわれたことで有名になったのが、純金積立という方法だ。毎月の積立額を決め、毎日一定額の金を継続して購入するシステムだ。田中貴金属や三菱マテリアルなどの地金商、鉱山会社や証券会社でも取り扱いがある。「ドルコスト平均法」により、購入期間の平均価格で金を買うことで高値掴みを抑えることができる点が大きなメリットだ。

しかし、購入時の手数料や積立会員の会費などがかかる場合があり、地金やコインに比べてコスト面では不利になりがちである。また業者にもよるが、積み立てた金を地金や金貨、あるいは金細工品などと交換することも可能だが、売却や現金化は退会手続きなどを行なってからでないとできないなど、なんらかの条件が課せられている場合もあり、注意が必要だ。

また、積み立てた金の保管方法にも注意点がある。純金積立で積み立てた金は業者が保管するが、保管方法には「特定保管」と「消費寄託」という二つの方法がある。「特定保管」は現物をそのまま保管するというもので、一方の「消費寄託」は顧客の金を販売会社がリース市場などで運用するやり方だ。「消費寄託」の場合、業者が顧客の金を運用するため運用益が出た時にはその分を顧客に還元する仕組みがあることがメリットだ。「特定保管」は単に現物保管するため、そういった特典はつかない。

しかし、もし業者が破綻した場合、「消費寄託」では積み立てた金の一部が返還されないといったことも起こり得る。「特定保管」は業者と顧客の資産が分別管理されているため、そうした問題が起きないという安心感がある。

なお、いずれの保管方法であっても、現物引き出しには業者ごとに条件が付加されている場合がある。顧客の都合で好きなタイミングに引き出せない可能性もあるため、条件はあらかじめ確認しておくべきだろう。

■ETF

金価格に連動する上場投資信託（ＥＴＦ）に投資するという形で金を保有する方法もある。証券取引所に上場しているため、株式と同様にリアルタイムでの売買ができ、また金地金や金貨のように売買価格差がないため、買付けのコストが安いことが魅力だ。金の投資信託は基本的には現物の金とは交換できないが、東証の純金ETF「金の果実」（銘柄コード一五四〇）は一kg以上から現物と交換可能となっている。

売買コストの低さはメリットだが、注意しなければいけない点もある。金ETFも投資信託の一種であるため、保有期間中には信託報酬と呼ばれる保有コストがかかる。年〇・四〜〇・五％と他の投資信託に比べればはるかに低コストではあるが、ある程度まとまった額を長期間にわたって保有すると、かなりの累積コストがかかって来るのだ。

非常に大雑把だが、一kgの金の売買を例としよう。現物の場合価格差は一g＝一〇〇円前後となり、およそ一〇万円程度がコストになる。一方ETFの場合、現在の金価格が四五〇〇円程度とすると、一kgで四五〇万円分のETFを買うことになる。信託報酬が年〇・四％とすると年一万八〇〇〇円となるため、五年半以上の長期保有ではETFの方がコスト高となる。

こうしたことを踏まえると、ＥＴＦでの保有はやはりあくまで短期前提とすべきだろう。

■金先物

金には「先物取引」という方法もある。東京証券取引所で取引がなされており、第一商品や楽天証券など一五社が業者登録されている。先物取引は将来のある時点での金を買う、もしくは売るという約束を一定の価格（証拠金）を払って取得するという取引だ。現物とは異なり、現物よりも安い証拠金で購入できる点が特徴だ。

また、金先物取引と同様の仕組みで、より大きいレバレッジをかけられる金ＣＦＤ取引というものもある。こちらはさらに少額から金への投資を行なえるもので、「ＧＭＯクリック証券」や「DMM.com 証券」といったネット証券での取り扱いがあるものだ。

金先物、金ＣＦＤいずれも一kg単位を取引するために必要な額が少額ですむ点がメリットだが、価格変動によって損益が大きく出てしまうため、場合によっては想定しない大きな損失を負う点に特に注意しなければならない。非常に投機性が高いため、「短期でひとヤマ当てたい」という向きには良いかもしれないが、長期にわたる財産防衛という観点では極めて使い勝手が悪く、向かないだろう。

このように、金保有の方法にはそれぞれ一長一短があるが、やはり長期で財産防衛を図るなら現物を保有することがもっとも有効だ。その際、ぜひとも注意していただきたいことがいくつかある。

金保有で注意したいこと

まず、とても基本的なことだが「偽物に注意」ということだ。有事においても資産保全に高い期待ができる金だが、ウラを返せばそれだけ使いでがあるということで、偽物を作って騙そうとする者がいるということだ。特に有事にはそうした輩が続出すると思った方が良い。最近では〝タングステン〟という、金と比重が非常に近い金属を使い、専門業者ですら見極めが困難とされるものを精巧に作るという事案も起きている。偽物を掴まされないためには、多少手数料が割高であっても、信頼できる業者から信頼できるブランド刻印などの入ったものを購入した方が良い。また、国家破産などでドサクサの間は、偽物の横行で一時的にせよまともな売買ができなくなる恐れもある。あくまで有事に使うことを想定せず、平時になった時に現金化することを念頭に置くべきだ。

次に注意すべき点は「地金かコインか」だ。金はとにかく重いのが難点だ。コインぐらいならなんとか持ち運びにも耐え得るが、まとまった量の地金となるととんでもない重さになる。また、地金は換金するにも非常に大きな額になる。少しずつ売って現金化したいという場面も想定すると、やはりコインの出番である。したがって、金を持つなら地金ばかりを持つのではなく、多少コスト高になってもコインもまぜて保有した方が良い。コインは、希少性が高いものでプレミアが付くことを狙うのも良いが、財産防衛の観点では流通量が豊富で価格が安定しているものの方が無難だろう。

また、「保管場所をどうするか」にも注意を要する。たとえば銀行の貸金庫などは、有事の際は当局による没収のリスクも充分に考えられるため、避けた方が良い。基本的に現物資産は、自宅などすぐに自身の手が届くところに保管しておくことが望ましいのである。しかし、そうかと言って自宅の神棚などにポンと置いておくわけにもいかない。やはり、特殊な金庫を設置するなどしっかりとした対策が必要となるだろう。

しかし、最大の注意点がある。「保管場所を忘れない」ということだ。「なにをバカな！」とお思いかもしれないが、年を重ね、認知症を患ってしまうなどすれば、人は財産などの重要なことも簡単に忘れてしまうのである。私は長年、多くの方に資産保全や運用のアドバイスを行なっているが、「自分の財産をどこに預けたか、どうなったかよくわからなくなってきた」と話すご年配は存外に多い。くれぐれもそうならないよう、あらゆる手立てを講じていただきたい。

また、金取引にかかる「税金」にも十分注意したい。一般の個人が取引する

金の税金

長期譲渡所得

課税所得（税金の対象となる所得額）
＝（売却益−50万円）×1/2

例）100万円で購入した金を６年後に200万円で売却した場合

（200万円−100万円−50万円）×1/2＝25万円

短期譲渡所得

課税所得＝売却益−50万円

例）100万円で購入した金を4年後に200万円で売却した場合

（200万円−100万円−50万円）＝50万円

※ただし、同一年に他の総合課税の譲渡所得がない場合

金地金や金貨の売却益は、多くの場合「総合課税の譲渡所得」として取り扱われる。総合課税とは、給料や年金、あるいは不動産の賃貸収入などと合算し、その総額に応じて税率が変わる（累進課税）課税方法だ。譲渡所得とは、自分が所有するモノを売って（譲渡して）利益を得る（所得）という意味である。金の譲渡所得は所有期間が五年超の「長期譲渡所得」と五年以内の「短期譲渡所得」に分けられ、基本的に二〇一ページの図のように計算する。

税金面を見ても、金の所有は五年超の長期である方が良いことがわかる。なお、営利目的で継続的に取引をしている場合や、事業として取引をしている場合には、税金の扱いが異なるため要注意だ。

参考までに、純金積立の税金も基本的には「総合課税の譲渡所得」という扱いになる（頻繁に売買している場合は扱いが変わる可能性あり）。金ETFはモノではなく証券という解釈になり、上場株式と同じ申告分離課税の譲渡所得となる。金先物の場合、申告分離課税の「雑所得」という扱いになり、確定申告が必要となる。それぞれ税の扱いが異なるため、所有する場合には十分に注意する必要がある。

他の資産で財産保全は可能か？

さて、ここで少し目先を変えて、金以外の現物資産での財産防衛がどの程度有用なのか、具体例で見てみよう。

■ダイヤモンドとの比較

ダイヤモンドも金と同様、その希少価値から高値で取引される代表的な現物資産だ。世界一固い鉱物としての有用性だけでなく、「永遠の輝き」と称される美しさが長年人々を魅了してきた。

二〇一七年六月現在、世界最高額と称されるダイヤは「ピンクスター」と呼ばれるピンクダイヤモンドだ。大きさは五九・六カラットで、二〇一七年四月のオークションで七一二〇万ドル（七八・八億円）という超高値で落札されたものである。直径にして五㎝にも満たない鉱物がこれだけの資産価値になるのだから驚きだ。

もちろん、このような大きなものでなくとも、ダイヤモンドは宝飾品の中でもとりわけ高値で取引されるため、財産防衛としては極めて有望と考えられる。

ここで、ダイヤモンドでの財産防衛にまつわる逸話を一つ紹介しよう。戦前からパリを拠点に活動し、あのパブロ・ピカソにも影響を与えたと言われる世界的画家、藤田嗣治《つぐはる》。彼は日本画の技法を西洋画に取り入れた奇才として有名だが、財産防衛に関しても独特の感性を持っていた。終戦直後、進駐したGHQの将校たちは、日本を占領した記念と、自身の権力の象徴を残したいという欲求もあってか、すでに世界的に名を馳せていた藤田に競って肖像画を依頼した。しかし藤田はその画料をせっせとダイヤモンドに替えた。当時の藤田は、GHQの従軍画家の要請で戦時中の戦争画収集に従事していたが、後にこれが戦争画制作に携わった「戦犯画家」の摘発に協力していたという、あらぬ疑いをかけられることになる。

世界最高額のピンクダイヤ「ピンクスター」
（写真提供：ロイター / アフロ）

そして東京裁判後の一九四九年、藤田はついに日本を追われるように出国、米国を経由して翌年パリへとたどり着く。この逃避行にあたって、藤田は将校たちからの画料を替えて得たダイヤモンドを絵の具のチューブに詰め、ばれないように持ち出したのだ。これを渡航先の米国、そしてパリで売って急場をしのいだのである。米ドルや日本円はかさばる上、当時は海外への持ち出しには厳しい制限が課せられていた。また、金は日本政府やＧＨＱも特に目を光らせている資産で、ＧＨＱの将校といえども金での支払いは難しかったものと考えられる。そこで藤田は、小さく持ち運びが容易で、世界どこでも資産価値が通用するダイヤモンドで財産防衛を図ったのだ。

こうして見て行くと、ダイヤモンドの方が金に比べて可搬性や換金性に優れ、財産防衛に向きそうな印象を受けるかもしれない。しかしながら、私は長年国内外の多くの専門家や業者、資産家にもインタビューした結果として、ダイヤモンドが金よりも財産防衛に優れてはいないと考えている。

簡単にその理由を見て行こう。まず、ダイヤモンドは、金と違い一つひとつの品質や価値評価が均一ではない。一応、ダイヤモンドの品質は４ｃ（Carat：重さ、Cut：輝き、Color：色、Clarity：透明度）であらわされ、より大きく、よく輝き、無色で透明度が高いものが良いとされる。しかし、前述のピンクダイヤやブルーダイヤといった希少性の高いものはそれとは別に高値が付く。一般的に、こうした鑑定は専門家にしか行なえないため、所有しているものを売ろうとした時、期待した通りの評価を得られないといった懸念も充分に考慮しなければならない。

また、ダイヤは多くの場合宝飾目的で加工されており、デザイン込みで販売されている。これを実際に換金するとなると、驚くほど安値で買い取りされることがほとんどである。そもそも、ダイヤモンドを運用資産として考える場合、婚約指輪などの宝飾品になっているものではまったく用をなさないというのが業界の常識である。指輪に含まれるダイヤモンド自体の価値で見ると、たとえば一〇〇万円の指輪でも買い取り価格は五万円にも満たないのである。

もし、本当にダイヤモンドで資産価値を維持したいのならば、できるだけカラット数が大きく、鑑定書の評価が高いものでなければならない。最低でも一カラット以上、できれば数カラットあるもので、Clarity はＶＶＳ１、Color はＤ、Cut はトリプル Excellent の最高級品を鑑定証付きで保有することが望ましい。しかし、このクラスになると一粒で四〇〇万円～三〇〇〇万円程度はすることになるため、ある程度まとまった資産を持っている人でないと現実的ではない。もちろん小さければ安くはなるが、少なくとも一カラットに満たないものは、残念ながら財産防衛としての用はなさないと割り切るべきだ。

いつまでダイヤモンドの希少性が担保され得るのか、という点も気になるところだ。ご存知の通り、ダイヤモンドは地中深くの高温、高圧の条件下で炭素が固まってできるもので、かつては鉱床から掘り出す他はなかったが、現在では実用的な合成方法が生み出され、工業利用目的のみならず、宝飾品でも人工ダイヤモンドを使ったものが流通し始めている。つまり、大量生産されて値崩れする可能性があるのだ。

一方、人工的に金を作る試みは、古代ギリシャ、古代エジプト時代から「錬金術」として多くの人々が取り組んできたが、すべて失敗に終わっている。有名なところでは、万有引力の発見で有名なかのアイザック・ニュートンも錬金術に取り組んだ一人だ。すでに知られていることだが、金はダイヤとは異なり「金原子」が集まってできたものである。したがって、「金を作る」とは「金原子を作る」ということになるが、原子を作るには「核融合反応」が必要となる。私たちにとってもっとも身近な核融合反応は太陽で起きているもので、水素からヘリウムが生成される過程で莫大なエネルギーが必要となる。もっとも軽い原子の核融合反応ですら太陽ほどのエネルギーが必要となるが、これがはるかに重い金原子となると生成にはとてつもないエネルギーが必要と推定される。

それはいかほどか。あの太陽のさらに八〜一〇倍にも及ぶ大質量の恒星がその一生を終える時、超新星（スーパーノヴァ）と言われる爆発現象が起きるが、金原子が誕生するには、超新星のさらに一〇倍以上もの爆発力を持つ極超新星（ハイパーノヴァ）クラスの爆発エネルギーが必要と見積もられているのだ。とてもではないが、ちっぽけな地球の表面で、人間がどうにかできるような話ではないのだ。

話を戻そう。こうした背景にも関わらずダイヤ価格が安定的に維持されてきたのは、実はダイヤの希少性ではなく、かつて世界的なダイヤ原石を寡占していた「デビアス社」の価格統制によるものなのだ。つまり、ダイヤは人工的に作られもするし、その希少性も人によって〝作られた〟ものだということだ。

しかも、現在はデビアス社のシェアの大幅下落により、同社による価格統制は効かなくなってしまっている。もちろん、ダイヤの希少性が数年～一〇年ほどで簡単に覆るものではないだろうことは言うにおよばないが、しかしさらに長期間にわたってその希少性を過信することは、決してできないと心得るべきだろう。

他にも、ダイヤモンドには難しい点がある。たとえば藤田嗣治のように、私たちが日本の有事に直面した時ダイヤモンドを持って海外に避難したとする。そのダイヤをどこで売るのかは、極めて難しい問題となるだろう。金の場合、国際的に市場ができており、品質を保証するブランドも確立しているが、ダイヤにはそうした市場がない。買い取り業者の良し悪しを見極めることも相当に難しい。もちろん、有名宝飾店などに行けば話は別だが、それでも足元を見られて安く買いたたかれるリスクは覚悟しなければならない。一〇〇万ドルで買い付けたダイヤが、一〇〇万ドルで売れるかどうかは「やってみなければわからない」のである。その点金は、相場は激しく動くが、おおよそいくらで売れるかがあらかじめわかるという点が非常に安心だ。

ただし、ダイヤモンドを国際的な業者間価格よりもさらに安く買うことができれば話は別だ。そうした日本初のルートを今回作ることができたので、もしダイヤに興味のある方はお問い合わせいただきたい。それに関する本も近々発刊の予定だ。ご期待いただきたい。

■ビットコインとの比較

もう一つ、ここ最近急速に注目を集めている「ビットコイン」との比較も見て行こう。ビットコインとは、インターネット上で電子的に取引される仮想通貨の一種で、二〇一七年六月現在もっとも普及しているものだ。

通貨は通常、政府や中央銀行が発行元や管理元となり、発行ルールや流通量の管理、偽造対策を行なう。しかし、仮想通貨ではこうした発行元や管理元が存在せず、通貨の発行ルールはあらかじめプログラム内で設計され、また偽造対策などは「ブロックチェーン」という特殊なデータベースや「公開鍵・秘密鍵」といった暗号化技術を用いて通貨の発行、管理を行なう。

インターネット上の取引や電子的な通貨と言えば、楽天Ｅｄｙやsuica、nanakoといった電子マネーを連想するが、これらは現金から電子マネーを買い、買い物などに使うだけのものだ。一方の仮想通貨は、現金への換金も可能な点が電子マネーと決定的に異なる。

特定の発行機関による管理がないことから、インターネットを介して非常に低コストで取引ができる。たとえば、海外にお金を送りたい場合、従来であれば銀行から海外送金依頼を行なうこととなるが、送金手数料や為替手数料などのコストを支払うえ、送金自体にも日数を要した。これがビットコインの場合、日本で買ったビットコインを海外に送金し、現地通貨で現金化するといったことがわずか数十分のうちに行なうことができる。しかも非常に少ないコストでできるとあって、国際的な金融取引に革命をもたらすとまで言われている。

財産防衛の観点で見ても、この性質は極めて重要だ。国家破産によるハイパーインフレという現象は、通貨の発行主体である国の財政が傾き、信用を失った結果その通貨の信用も失墜し、価値がないとみなされたために起きる現象だ。もちろん、ハイパーインフレでなく慢性的な高インフレであったとしても、お金の価値は下がり続けることとなる。しかし、仮想通貨の場合、後ろ盾となるのは国ではなく、技術的な堅牢性に裏打ちされた世界中の利用者からの信用だ。信用する人が充分に多く、様々な取引にも使用される通貨であれば、政府保証に匹敵する、あるいはそれ以上の持続性を持ち得るのだ。

また、海外などへの移動も電子的に迅速に行なわれるため、可搬性は他のどのような資産に比べても優れている。原理的な性質を考えると、現時点でこれほど資産保全に有効な要件を備えているものはないと言ってもよいかもしれない。ただ、ビットコインとて万能とは言えない。普及から間もないビットコインは、各国政府がまだ監視や規制に乗り出していないため、比較的「何でもあり」の状況だが、国際間の資金流通などが爆発的に増えれば、政府当局が監視や規制を強化することは間違いないだろう。すでに中国では、ビットコインを使った資産逃避を抑止するため、二〇一七年一月に取引業者への一斉立ち入りを実施。これを受けて中国人のビットコイン離れが進んで大きく価格が下落するといった事件が起きた。日本では、ビットコインを通常の商取引でも活用すべく消費税の撤廃や関連法の改正が急速に進んでいるが、今後不正取引への悪用や海外への資産逃避が本格化すれば、一気に規制を強化する動きにもなり得るだろう。当然、「準通貨」として資金移動先の捕捉を電子的に行なう取り組みなども行なわれるかもしれない。

それに何より、ビットコインはＰＣやスマートフォンといったデジタルデバイスを使いこなす必要がある。こうしたものに不慣れな人の場合、そもそも取り扱いが難しくなるだろう。また電気とインターネット回線がなければ、取引への利用や現金化は原理的に不可能である。その点、金のような現物資産は電気がなくとも取引に使えるし、ＰＣやスマホなどの高い利用スキルも必要ない。最先端の技術から見ればなんとも原始的ではあるが、原始的なりの良さが金の良さでもあるのだ。

これらの他にも現物資産として考えられるものとしては、美術品や骨とう品なども考えられる。しかしながら、これらは保管の大変さ、価格の不安定さ、贋作の懸念、取引場所などの制約など、あらゆる観点でダイヤやビットコインにも増して素人にはハードルが高く、財産防衛向きではない。

結論として、財産防衛のために保有する現物資産は、まずは金一本で充分であろう。地金とコインに分けて資産の一〇～二〇％程度を保有すれば、ひとまずは安心だ。逆に、資産の大半を金にすることは避けた方が良い。金の有用性が高いことは確かだが、やはり一寸先は闇、将来いかなる事態になるかわからない。一九三三年、米国では大統領令六一〇二が発表され、事実上金が没収された。これと同じことが起きれば、資産を大量の金で保有する者は絶望的な状況に追い込まれるだろう。

また、非常に基本的なことであるが、数百万～一〇〇〇万円程度の資産を持っている場合、金の保有だけで財産防衛を完結させることはできないと考えた方が良い。海外口座や海外ファンドなど、海外を活用した財産防衛も必ず並行して行なうべきだ。また、数千万～数億円単位の資産を持っている場合は、海外の預け先も複数に分散し、また国内の現物資産保有も金だけに限らず分散を図った方が良いだろう（そうした海外への分散ならびに国家破産対策を実行したい方は巻末二二二ページを参照していただきたい）。その際、前出したダイヤモンドやビットコインなども、場合によっては有効になるだろう。何事においても、一ヵ所への偏り過ぎは禁物である。また、使えそうな手立てはあらゆるものを検討することが財産防衛の鉄則である。

とにかく、なるべく早く第一歩を踏み出せ！

ここまでで、金価格の動向と今後の見通し、そして金を使った財産防衛について見てきた。私がこうした話をする時、必ず強調することがある。それは、「思い立ったらすぐ行動せよ！」ということだ。私は毎年、非常に多くの読者の方や私が主催するクラブの会員様とお会いする機会があるが、実はそれらの方は経験的に二種類のタイプに大別できる。こうした財産防衛策の話を聞いて、納得したらすぐに行動に移すタイプと、「良い話を聞いた」だけで終わり、あとは何もせず先延ばしにし、結局何もしないタイプである。

そして、この後者のタイプの方が実は圧倒的に多く、またそういう方に限ってあとで「あの時やっておけば」という話になりやすい。私に言わせれば、財産防衛はそもそも誰かに言われてやるものではなく、自分で危機意識を高く持ち、最良の判断を下そうという自分の意志でやるものだ。あなたがもしこの本を読んで「確かに金は取り組む価値があるな」と感じたのであれば、決して「そのうちやろう」と先送りせず、この本を置いたその瞬間から取り組みを始めていただきたい。そういう真剣さが、あなたの大切な財産を守る上では何よりも重要なものだからだ。

「この世はすべて早い者勝ち」である。あなたが本書を活用されてすぐさま行動に移し、財産防衛の「勝ち組」入りされんことを祈って、本章の結びとする。

エピローグ

全財産の一〇～二〇%を金で持つ時代が始まった

あの世界三大投資家の一人、ジム・ロジャーズが私に語ったように、世界は〝恐慌経由通貨の紙キレ化〟の方向に向かっているとしか考えられない。つまり、〝デフレ経由ハイパーインフレ〟への道である。

ということは、中長期的視野で資産防衛を考えた時、金（ゴールド）が最大の守護神になることは間違いない。ビットコインもその選択肢の一つに入ることは誰も異存がないに違いないが、すべての経済事象を見聞きし、世界の歴史に通暁するジム・ロジャーズは、ビットコインには懐疑的だった。なぜならば、いずれ政府の統制下に置かれると彼は判断しているからだ。紙幣も含めた〝仮想の通貨〟から〝究極の現物資産〟である金へとその比重が大逆転するタイミングがやって来るのかもしれない。

いずれにせよ、動乱と天変地異の時代とも言える二一世紀前半において、

「金」を持たないというのは、沈みゆくタイタニックの船上で脱出用ボートに乗っていないのと同じ状況と言ってもよいかもしれない。
というわけで、今や全財産の一〇～二〇%を金で持つ時代が始まったのだ。今後五年くらいの間に、なるべく円ベースで安いタイミングを狙って金を買っておくと良いだろう。それが一〇年後、二〇年後のあなたを守っていることだろう。

二〇一七年八月吉日

浅井　隆

浅井隆からの重要なお知らせ

――国家破産を生き残るための具体的ノウハウ

厳しい時代を賢く生き残るために必要な情報収集手段

日本国政府の借金は先進国中最悪で、ＧＤＰ比二五〇％に達し、太平洋戦争終戦時を超えて、いつ破産してもおかしくない状況です。国家破産へのタイムリミットが刻一刻と迫りつつある中、ご自身のまたご家族の老後を守るためには二つの情報収集が欠かせません。

一つは「国内外の経済情勢」に関する情報収集、もう一つは「海外ファンド」に関する情報収集です。これについては新聞やテレビなどのメディアやインターネットでの情報収集だけでは絶対に不十分です。私はかつて新聞社に勤務し、以前はテレビに出演をしたこともありますが、その経験から言えることは「新聞は参考情報。テレビはあくまでショー（エンターテインメント）」だということです。インターネットも含め誰もが簡単に入手できる情報で、これからの激動の時代を生き残って行くことはできません。

皆様にとってもっとも大切なこの二つの情報収集には、第二海援隊グループ（代表　浅井隆）で提供する「会員制の特殊な情報と具体的なノウハウ」をぜひご活用下さい。

〝国家破産対策〟の入口「経済トレンドレポート」

最初にお勧めしたいのが、浅井隆が取材した特殊な情報をいち早くお届けする「経済トレンドレポート」です。浅井および浅井の人脈による特別経済レポートを年三三回（一〇日に一回）格安料金でお届けします。経済に関する情報提供を目的とした読みやすいレポートです。新聞やインターネットではなかなか入手できない経済のトレンドに関する様々な情報をあなたのお手元へ。さらに国家破産に関する『特別緊急情報』も流しております。「国家破産対策をしなければならないことは理解したが、何から手を付ければよいかわからない」という方は、まずこのレポートをご購読下さい。レポート会員になられますと、様々な割引・特典を受けられます。

詳しいお問い合わせ先は、㈱第二海援隊

TEL：〇三（三二九一）六一〇六

FAX：〇三（三二九一）六九〇〇

具体的に〝国家破産対策〟をお考えの方に

そして何よりもここでお勧めしたいのが、第二海援隊グループ傘下で独立系の投資助言・代理業を行なっている「株式会社日本インベストメント・リサーチ」（関東財務局長（金商）第九二六号）です。この会社で三つの魅力的な会員制クラブを運営しております。私どもは、かねてから日本の国家破産対策のもっとも有効な対策として海外のヘッジファンドに目を向けてきました。そして、この二〇年にわたり世界中を飛び回りすでにファンドなどの調査に莫大なコストをかけて、しっかり精査を重ね魅力的な投資・運用情報だけを会員の皆様限定でお伝えしています。これは、一個人が同じことをしようと思っても無理な話です。また、そこまで行なっている投資助言会社も他にはないでしょう。

投資助言会社も、当然玉石混淆であり、特に近年は少なからぬ悪質な会社に対して、当局の検査の結果、業務停止などの厳しい処分が下されています。しかし「日本インベストメント・リサーチ」は、すでに二度当局による定期検査を受けていますが、行政処分どころか大きな問題点はまったく指摘されませんでした。これも誠実な努力に加え、厳しい法令順守姿勢を貫いていることの結果であると自負しております。

私どもがそこまで行なうのには理由があります。私は日本の「国家破産」を憂い、会員の皆様にその生き残り策を伝授したいと願っているからです。その生き残り策がきちんとしたものでなければ、会員様が路頭に迷うことになります。ですから、投資案件などを調査する時に一切妥協はしません。その結果、私どもの「ロイヤル資産クラブ」には多数の会員様が入会して下さり、「自分年金クラブ」と合わせて、今では会員数がアジア最大と言われています。

このような会員制組織ですから、それなりに対価をいただきます。ただそれで、私どもが一〇数年間、莫大なコストと時間をかけて培ってきたノウハウを得られるのですから、その費用は決して高くないという自負を持っております。まだクラブにご入会いただいていない皆様には、ぜひご入会いただき、本当に価値のある情報を入手して国家破産時代を生き残っていただきたいと思います。そして、この不透明な現在の市場環境の中でも皆様の資産をきちんと殖やしていただきたいと考えております。

一〇〇〇万円以上を海外投資へ振り向ける資産家の方向け「ロイヤル資産クラブ」

「ロイヤル資産クラブ」のメインのサービスは、数々の世界トップレベルのファンドの情報提供です。特に海外では、日本の常識では考えられないほど魅力的な投資案件があります。

ジョージ・ソロスやカイル・バスといった著名な投資家が行なう運用戦略としておなじみの「グローバル・マクロ」戦略のファンドも情報提供しています。

この戦略のファンドの中には、株式よりも安定した動きをしながら、目標年率リターンが一〇％〜一五％程度のものもあります。また、二〇〇九年八月〜二〇一七年六月の約八年で一度もマイナスになったことがなく、ほぼ一直線で年率リターン七・五％（米ドル建て）と安定的に推移している特殊なファンドや目標年率リターン二五％というハイリターン狙いのファンドもあります。もちろん他にもファンドの情報提供を行なっておりますが、情報提供を行なうファンドは全て現地に調査チームを送って徹底的に調査を行なっております。

また、ファンドの情報提供以外のサービスとしては、海外口座の情報提供と国家破産対策についての具体的な資産分散の助言を行なっております。

海外口座は、総合的に見て日本人が使い勝手がよく、カントリーリスクの心配もほとんどない、財務体質がしっかりしている銀行の情報を提供しています。

銀行の所在地はシンガポール、NZ、そしてハワイ（米国）の三ヵ所です。邦銀では外国人観光客の口座開設が不可能なように、外国の銀行も誰でもウェルカムというわけではありません。しかも共同名義での開設が可能など邦銀とまったくシステムが違いますので、しっかりした情報が必要です。

国家破産対策の具体的な方法としましては、金や外貨預金、外貨キャッシュの持ち方など幅広い情報で皆様の資産保全のサポートをいたします。

他にも、現在保有中の投資信託の評価と分析、銀行や金融機関とのお付き合いの仕方のアドバイス、為替手数料やサービスが充実している金融機関についてのご相談、生命保険の見直し・分析、不動産のご相談など、多岐にわたっております。金融についてありとあらゆる相談が「ロイヤル資産クラブ」で全て受けられる体制になっています。

詳しいお問い合わせ先は「ロイヤル資産クラブ」

TEL：〇三（三二九一）七二九一

FAX：〇三（三二九一）七二九二

一般の方向け「自分年金クラブ」

「自分年金クラブ」では「一〇〇〇万円といったまとまった資金はないけど、将来に備えてしっかり国家破産対策をしたい」という方向けに、比較的「海外ファンド」の中では小口（最低投資金額が約三〇〇万円程度）で、かつ安定感があるものに限って情報提供しています。

このような安定感を持つファンドの中に、年率リターン八・一%（二〇一一年九月〜二〇一七年六月）とかなりの収益を上げながら、一般的な債券投資と同じぐらいの安定感を示しているものもあります。債券投資並みの安定感で、年率リターンが八%以上もあることには驚きます。また海外口座の情報提供や国家破産対策についての具体的な資産分散の助言、そして国家破産時代の資産防衛に関する基本的なご質問にもお答えしておりますので、初心者向きです。

詳しいお問い合わせ先は「自分年金クラブ」

ＴＥＬ：〇三（三二九一）六九一六

ＦＡＸ：〇三（三二九二）六九九一

※「自分年金クラブ」で情報提供を行なっている全てのファンドは、「ロイヤル資産クラブ」でも情報提供を行なっております。

投資助言を行なうクラブの最高峰「プラチナクラブ」

会員制組織のご紹介の最後に「プラチナクラブ」についても触れておきます。メインのサービスは、「ロイヤル資産クラブ」と同じで、数々の世界トップレベルのファンドの情報提供です。ただ、このクラブは第二海援隊グループが行なう投資・助言業の中で最高峰の組織で、五〇〇〇万円以上での投資をお考えの方向けのクラブです（五〇〇〇万円以上は目安で、なるべくでしたら一億円以上が望ましいです。なお、金融資産の額をヒヤリングし、投資できる金額が二〇〇〇万～三〇〇〇万米ドル（二〇〇〇万～三〇〇〇万円）までの方は、原則プラチナクラブへの入会はお断りいたします）。

ここでは、ロイヤル資産クラブでも情報提供しない特別で稀少な世界トップレベルのヘッジファンドを情報提供いたします。皆様と一緒に「大資産家」への道を追求するクラブで、具体的な目標としまして、「一〇年で資金を四倍～六倍（米ドル建て）」「二倍円安になれば八倍～一二倍」を掲げています。プラチナクラブ会員については一〇〇名限定となっていますので、ご検討の方はお早目のお問い合わせをお願いいたします。

詳しいお問い合わせ先は「㈱日本インベストメント・リサーチ」

TEL：〇三（三二九一）七二九一

FAX：〇三（三二九一）七二九二

浅井隆講演会、国家破産対策、インターネット情報

浅井隆のナマの声が聞ける講演会

著者・浅井隆の講演会を開催いたします。二〇一七年は大阪・一〇月二〇日（金）、名古屋・一〇月二七日（金）、東京・一〇月二八日（土）を予定しており

ます。国家破産の全貌をお伝えすると共に、生き残るための具体的な対策を詳しく、わかりやすく解説いたします。

いずれも、活字では伝わることのない肉声による貴重な情報にご期待下さい。

第二海援隊ホームページ

また、第二海援隊では様々な情報をインターネット上でも提供しております。詳しくは「第二海援隊ホームページ」をご覧下さい。私ども第二海援隊グループは、皆様の大切な財産を経済変動や国家破産から守り殖やすためのあらゆる情報提供とお手伝いを全力で行なっていきます。
※また、このたび浅井隆によるコラム「天国と地獄」を始めました。経済を中心に、長期的な視野に立って浅井隆の海外をはじめ現地生取材の様子をレポートするなど、独自の視点からオリジナリティあふれる内容をお届けします。
ホームページアドレス：http://www.dainikaientai.co.jp/

「ニュージーランド　留学・移住情報センター」（日本側）窓口開設

私は世界中を駆け巡り取材を敢行してきましたが、ＮＺほど安心・安全で自然豊かで、魅力を兼ね備えた国はないと断言できます。そして、私たち日本人こそが来るべき国家破産への備えも見据えてＮＺを最大活用すべきと考えています。国家破産で日本国内の経済が大混乱になった際、海外に避難先を確保しておくのは極めて大きな安心となるでしょう。

そこでこのたび、ＮＺへの留学・ロングスティ・一時訪問・永住その他に関する日本での問い合わせ窓口を開設致しました。二〇年来の私のＮＺでの人脈を活かし、現地での信頼の置ける専門スタッフをご紹介致します。ご興味のある方は、ぜひお問い合わせ下さい。

ＴＥＬ：〇三（三二九一）六一〇六　担当：加納

『浅井隆と行くニュージーランド視察ツアー』

南半球の小国でありながら独自の国家戦略を掲げる国、NZ。浅井隆が二〇年前から注目してきたこの国が今、「世界でもっとも安全な国」として世界中から脚光を浴びています。核や自然災害の驚異、資本主義の崩壊に備え、世界中の大富豪がNZに広大な土地を購入し、サバイバル施設を建設しています。さらに、財産の保全先（相続税、贈与税、キャピタルゲイン課税がありません）、移住先としてもこれ以上の国はないかもしれません。

そのNZを浅井隆と共に訪問する、「浅井隆と行くニュージーランド視察ツアー」を二〇一七年一一月に開催致します（その後も毎年一一月の開催を予定しております）。現地では浅井の経済最新情報レクチャーもございます。内容の充実した素晴らしいツアーです。ぜひ、ご参加下さい。

TEL：〇三（三二九一）六一〇六　担当：大津

ジム・ロジャーズ独占取材特別レポート発売

今年二月、今、世界と日本が直面しているさまざまな問題について、そして今後の世界市場のゆくえについて、今なお世界中の投資家並びに経済人からその言動が注目されている世界有数の投資家ジム・ロジャーズに、浅井隆が独占単独インタビューに成功しました。その全内容を収録した、「他では決して読むことができない『ジム・ロジャーズ氏特別インタビューレポート』」を販売致します。浅井隆自らが神経を削って一ヵ月考え抜いたオリジナルの質問内容に、ジム・ロジャーズが誠実に詳しく答えてくれています。

このインタビューレポートを読むことで、今後の世界がどうなって行くか、そしていかに日本円のみで資産を持っていることにリスクがあるかがよくわかります。今後のあなたの資産保全のお役に立つこと間違いありません。ぜひ、ご一読下さい。読者の方に限り特別価格にて販売致します。

詳しいお問い合わせ先は　「㈱第二海援隊」出版部

TEL：〇三（三二九一）一八二一
FAX：〇三（三二九一）一八二〇

改訂版!!「国家破産秘伝」「ファンド秘伝」必読です

浅井隆が世界を股にかけて収集した、世界トップレベルの運用ノウハウ（特に「海外ファンド」に関する情報満載）を凝縮した小冊子を作りました。実務レベルで基礎の基礎から解説しておりますので、本気で国家破産から資産を守りたいとお考えの方は必読です。ご興味のある方は以下の二ついずれかの方法でお申し込み下さい。

①現金書留にて一〇〇〇円（送料税込）と、お名前・ご住所・電話番号および「別冊秘伝」希望と明記の上、弊社までお送り下さい。

②一〇〇〇円分の切手（券種は、一〇〇円・五〇〇円・一〇〇〇円に限ります）と、お名前・ご住所・電話番号および「別冊秘伝」希望と明記の上、

弊社までお送り下さい。

郵送先　〒一〇一―〇〇六二　東京都千代田区神田駿河台二―五―一
住友不動産御茶ノ水ファーストビル八階
株式会社第二海援隊「別冊秘伝」係
TEL：〇三（三二九一）六一〇六
FAX：〇三（三二九一）六九〇〇

＊以上、全てのお問い合わせ、お申し込み先・㈱第二海援隊
TEL：〇三（三二九一）六一〇六
FAX：〇三（三二九一）六九〇〇
Eメール　info@dainikaientai.co.jp
ホームページ　http://www.dainikaientai.co.jp

〈参考文献〉

【新聞・通信社】

『日本経済新聞』『産経新聞』『朝日新聞』『毎日新聞』
『時事通信』『ブルームバーグ』『ニューズウィーク』『ロイター』

【書籍】

『ウォー・シミュレイション 北朝鮮が暴発する日』
（マイケル ユー、デクスター イングラム・新潮社）
『金（ゴールド）が語る 20 世紀』（鯖田 豊之・中央公論新社）
『金神話が復活する』(フジチュー総合企画部著、史輝出版)
『人民元の興亡 毛沢東・鄧小平・習近平が見た夢』(吉岡 桂子・小学館)

【論文】

『ブラックアウト事態に至る電磁パルス（ＥＭＰ）驚異の諸相とその展望』
（一政祐行　防衛研究所紀要第 18 巻第 2 号 2016 年 2 月）
『高高度電磁パルス（ＨＥＭＰ）攻撃の脅威――喫緊の課題として対応が必要――』
（鬼塚隆志　CISTEC Jornal 2016.11）

【拙著】

『ドルの最後の買い場だ！』（第二海援隊）
『ジム・ロジャーズ緊急警告　2020 年までに世界大恐慌
その後、通貨は全て紙キレに〈下〉』（第二海援隊）
『2018 年 10 月までに株と不動産は全て売りなさい！』（第二海援隊）

【その他】

『Voice』『宮崎正弘の国際ニュース・早読み』
『中学校社会科のしおり（帝国書院）』

【ホームページ】

フリー百科事典『ウィキペディア』
『国税庁』『貨幣博物館』『東京商品取引所』『現代ビジネス』『ZUU online』
『ジャパン・ビジネスプレス』『ダイヤモンド・オンライン』『バロンズ』
『ウォールストリート・ジャーナル電子版』『フィナンシャルポインター』
『ハフィントンポスト』『DailyNK Japan』『レコード・チャイナ』『中央日報』
『朝鮮日報』『サーチナニュース』『大紀元日本』『三菱 UFJ 信託銀行』
『Macrotrends』『WEDGE Infinity』『コトバンク』『man@bow』『楽天証券』
『世界史の窓』『World Gold Council』『三菱マテリアル』『田中貴金属工業』
『SBI ゴールド株式会社』『第一商品株式会社』『聯合ニュース』
『金投資の基礎知識』『金投資入門』『Gold News』『DOWA エコシステム』
『Viewpoint』『ザイ・オンライン』

〈著者略歴〉
浅井　隆　（あさい　たかし）
経済ジャーナリスト。1954年東京都生まれ。学生時代から経済・社会問題に強い関心を持ち、早稲田大学政治経済学部在学中に環境問題研究会などを主宰。一方で学習塾の経営を手がけ学生ビジネスとして成功を収めるが、思うところあり、一転、海外放浪の旅に出る。帰国後、同校を中退し毎日新聞社に入社。写真記者として世界を股に掛ける過酷な勤務をこなす傍ら、経済の猛勉強に励みつつ独自の取材、執筆活動を展開する。現代日本の問題点、矛盾点に鋭いメスを入れる斬新な切り口は多数の月刊誌などで高い評価を受け、特に1990年東京株式市場暴落のナゾに迫る取材では一大センセーションを巻き起こす。その後、バブル崩壊後の超円高や平成不況の長期化、金融機関の破綻など数々の経済予測を的中させてベストセラーを多発し、1994年に独立。1996年、従来にないまったく新しい形態の21世紀型情報商社「第二海援隊」を設立し、以後約20年、その経営に携わる一方、精力的に執筆・講演活動を続ける。2005年7月、日本を改革・再生するための日本初の会社である「再生日本21」を立ち上げた。主な著書：『大不況サバイバル読本』『日本発、世界大恐慌！』（徳間書店）『95年の衝撃』（総合法令出版）『勝ち組の経済学』（小学館文庫）『次にくる波』（PHP研究所）『Human Destiny』（『9・11と金融危機はなぜ起きたか!?〈上〉〈下〉』英訳）『あと2年で国債暴落、1ドル＝250円に!!』『いよいよ政府があなたの財産を奪いにやってくる!?』『2017年の衝撃〈上〉〈下〉』『すさまじい時代〈上〉〈下〉』『世界恐慌前夜』『あなたの老後、もうありません！』『日銀が破綻する日』『ドルの最後の買い場だ！』『預金封鎖、財産税、そして10倍のインフレ!!〈上〉〈下〉』『トランプバブルの正しい儲け方、うまい逃げ方』『世界沈没——地球最後の日』『ジム・ロジャーズ緊急警告！　2020年までに世界大恐慌　その後、通貨は全て紙キレに〈上〉〈下〉』『2018年10月までに株と不動産を全て売りなさい！』『世界中の大富豪はなぜＮＺに殺到するのか!?〈上〉〈下〉』（第二海援隊）など多数。

円が紙キレになる前に金（ゴールド）を買え！

2017年9月19日　初刷発行

著　者　浅井　隆
発行者　浅井　隆
発行所　株式会社　第二海援隊
〒101-0062
東京都千代田区神田駿河台２-５-１　住友不動産御茶ノ水ファーストビル８Ｆ
電話番号　03-3291-1821　　ＦＡＸ番号　03-3291-1820

印刷・製本／株式会社シナノ

　ISBN978-4-86335-182-0
Printed in Japan

第二海援隊発足にあたって

日本は今、重大な転換期にさしかかっています。にもかかわらず、私たちはこの極東の島国の上で独りよがりのパラダイムにどっぷり浸かって、まだ太平の世を謳歌しています。

しかし、世界はもう動き始めています。その意味で、現在の日本はあまりにも「幕末」に似ているのです。ただ、今の日本人には幕末の日本人と比べて、決定的に欠けているものがあります。それこそ、志と理念です。現在の日本は世界一の債権大国（＝金持ち国家）に登り詰めはしましたが、人間の志と資質という点では、貧弱な国家になりはててしまいました。それこそが、最大の危機といえるかもしれません。

そこで私は「二十一世紀の海援隊」の必要性を是非提唱したいのです。今日本に必要なのは、技術でも資本でもありません。志をもって大変革を遂げることのできる人物と、それを支える情報です。まさに、情報こそ〝力〟なのです。そこで私は本物の情報を発信するための「総合情報商社」および「出版社」こそ、今の日本にもっとも必要と気付き、自らそれを興そうと決心したのです。

しかし、私一人の力では微力です。是非皆様の力をお貸しいただき、二十一世紀の日本のために少しでも前進できますようご支援、ご協力をお願い申し上げる次第です。

浅井　隆